Research on the

COLLABORATIVE
INNOVATION

Model, Effect and Mechanism of Emergency Scientific Research

应急科研协同创新模式、
效应与机制研究

邱洪全　◎著

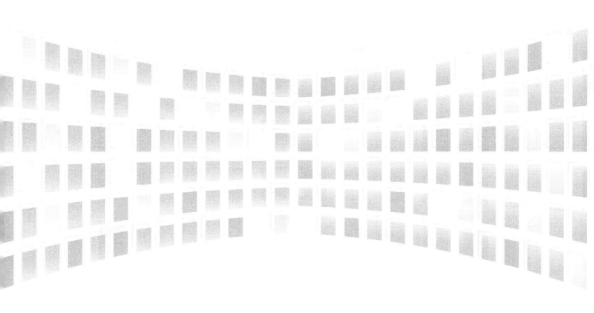

中国财经出版传媒集团

经济科学出版社
Economic Science Press

·北京·

图书在版编目（CIP）数据

应急科研协同创新模式、效应与机制研究／邱洪全
著. -- 北京 ： 经济科学出版社，2024. 9. -- ISBN 978 -
7 - 5218 - 6185 - 3

Ⅰ. C934

中国国家版本馆 CIP 数据核字第 2024K7X821 号

责任编辑：刘　丽
责任校对：王肖楠
责任印制：范　艳

应急科研协同创新模式、效应与机制研究

YINGJI KEYAN XIETONG CHUANGXIN MOSHI，XIAOYING YU JIZHI YANJIU

邱洪全　著

经济科学出版社出版、发行　新华书店经销
社址：北京市海淀区阜成路甲 28 号　邮编：100142
总编部电话：010 - 88191217　发行部电话：010 - 88191522
网址：www. esp. com. cn
电子邮箱：esp@ esp. com. cn
天猫网店：经济科学出版社旗舰店
网址：http：//jjkxcbs. tmall. com
北京季蜂印刷有限公司印装
710 × 1000　16 开　14. 25 印张　220000 字
2024 年 9 月第 1 版　2024 年 9 月第 1 次印刷
ISBN 978 - 7 - 5218 - 6185 - 3　定价：76. 00 元
（图书出现印装问题，本社负责调换。电话：010 - 88191545）
（版权所有　侵权必究　打击盗版　举报热线：010 - 88191661
QQ：2242791300　营销中心电话：010 - 88191537
电子邮箱：dbts@ esp. com. cn）

前言

　　随着社会发展和环境变迁，自然灾害、事故灾害和公共卫生事件等突发事件频繁发生，规模和影响不断扩大，对社会和经济的稳定与发展带来巨大的冲击和破坏，对人们的生命和财产造成不可估量的威胁和损失。尤其是在当前社会系统组织程度越来越高，不同社会子系统间的关联性和依存性日益加强的情境下，局部和常规的突发事件如果防控和处置不当，可能快速演化为影响深远、危害极大的重大突发事件。因此，当突发事件发生时，如何短时间内动员社会资源，精准施策，阻断突发事件的蔓延和影响，将灾害和损失降低到最小限度，是应急管理和应急治理的关键。加强应急科研创新是助力突发事件处置和发挥应急事件科技支撑作用的重要抓手和关键环节，然而应急科研创新任务要求快速响应和精准研发的目标属性，决定了应急科研创新任务难以由单一组织或机构独立完成，需要产学研等资源异质的组织和机构共同参与，整合资源，协同运作，才能快速且精准地推进应急科研创新和攻关工作，及时产出应急科研创新成果，为突发事件防控和处置提供科学方案、科学答案和科学方法。应急科研协同创新是一个涉及多主体、多因素、多场景的动态复杂系统，如何深入剖析应急科研协同创新系统的运行模式和内在机理，提升应急科研协同创新和攻关绩效，实现应急科研协同创新系统快速响应和精准研发的双重目标，是值得系统研究的重要课题。为此，本书基于复杂系统理论和动态能力理论研究应急科研协同创新的系统模式，构建应急科研协同创新的动态评价体系，剖析应急科研协同创新的影响效应和影响因素，建立应急科研协同创新的联动机制，试图为提升应急科研协同创新和攻关的成效提供具有一定普适意义的思路和策略。

　　本书所做的创新性探索工作主要包括以下几个方面。

　　（1）剖析应急科研协同创新系统和模式，对应急科研协同创新系统的框架、模型、特征和模式进行描述和阐释。首先，从应急科研协同创新的双重属性、双重目标和多元协同三个层面构建系统分析框架，并从物理学、生态学和管理学三个维度阐述系统分析框架的理论支撑。其次，从协同主体、协同任务、协同资源、协同机制、协同绩效和支撑环境等方面构建应急科研协同创新系统模型，并将其分为系统主体、系统客体和系统环境三个模块，分别进行详细介绍。再次，分析了应急科研协同创新系统具有目标一致性、资源共享性、功能耦合性、时间紧迫性和文化包容性等特征。最后，从主导主体、合作紧密程度和权属配置三个维度对应急科研协同创新模式进行划分。

（2）构建应急科研协同创新动态评价体系，以动态能力和复杂系统协同学为理论框架，通过构建感知识别能力、重构匹配能力、协同共享能力、沟通协调能力、学习应用能力和利益分配能力六个子系统及其序参量，采用层次分析法和熵值法综合确定各序参量的权重，建立应急科研协同创新系统的评价指标体系。运用 DTS 协同测度模型测算应急科研协同创新实证案例各子系统的有序度和协同度，以及系统综合协同度；根据实证分析结果系统并深入地分析应急科研协同创新的时间演化和空间分布特征。

（3）实证分析应急科研协同创新影响效应。研究多元协同创新对应急科研创新绩效的影响效应，基于新冠疫情期间应急科研协同创新和攻关案例调研，以科研禀赋结构为门槛变量，构建双门槛回归模型，实证检验多元协同创新对应急科研创新和攻关绩效的影响。研究内容包括理论框架与理论假设、变量测度与数据来源、假设模型检验、敏感性分析、研究结论与对策建议等。探索多元协同创新对应急科研创新绩效的影响程度和影响机理，刻画和认知多元协同创新与应急科研创新绩效之间的影响效应。

（4）识别应急科研协同创新的影响因素。运用动态能力、专家匿名函询、DEMATEL、解释结构模型（ISM）等理论方法对影响和制约应急科研协同创新的因素进行识别，将相关指标因素划分为原因型指标因素和结果型指标因素，研究结果发现评价体系激励性、知识创新能力、搜寻合作对象、识别应急科研需求、资源异质性五个原因因素的中心度较大，属于关键性原因因素，成为影响应急科研协同创新的关键因素。然后运用解释结构模型（ISM）构建应急科研协同创新影响因素的多级递阶拓扑结构模型，将影响因素划分为五个层级、三个层次（浅表层、过渡层和本质层），分别属于应急科研协同创新的直接影响因素、间接影响因素和根源影响因素，明晰影响因素间的逻辑关系和层次关系。研究内容对应急科研协同创新的内在影响机制进行识别，起到认知影响机制的作用。

（5）构建应急科研协同创新联动机制。对应急科研协同创新的联动机制进行整体设计，首先建立应急科研协同创新联动机制的整体框架体系，其次从动力机制、运行机制、协调机制和保障机制四个维度阐述应急科研协同创新联动机制的核心内涵，并对其具体内容进行详细阐述和设计。研究内容起到设计和建立应急科研协同创新联动机制的作用。

由于笔者学识与能力有限、理论积累不足，相关资料、数据难以全面采集和搜集，本书研究还存在诸多不足和局限，还有待在将来研究中进一步深入和完善。此外，鉴于研究水平、研究条件和研究基础所限，书中不足和错误之处在所难免，恳请各位专家、学者和读者批评指正。

邱洪全
2024 年 5 月

目　录

第一章 绪 论

第一节 研究背景与意义

一、研究背景

（一）突发事件频发且影响深远

近年来，随着社会环境的演化与变迁，自然灾害、事故灾害和公共卫生事件等突发事件时有发生，尤其是 SARS、禽流感、非洲埃博拉、COVID - 19 等重大公共卫生事件频发，对公共卫生安全和人们身心健康带来极大冲击和影响，也对经济发展和社会稳定造成巨大的阻碍和破坏。如 2020 年全球暴发的新冠疫情，由于传染力强、潜伏期长等多重因素叠加，使得防控形势十分严峻，我国各级政府和社会民众充分发挥我们制度的优越性、治理的科学性、动员的社会性和响应的及时性，使得疫情得到有效防控。新冠疫情肆虐的三年，逐渐演化成为一场全球性的公共卫生危机事件。从新冠疫情的暴发、传播、防控、治疗、阻隔等过程来看，重大传染病疫情的防控是一项复杂的系统工程，不仅需要动员全社会的疫情防控资源，统筹分配各种防疫物资，还需要广泛唤醒和宣传社会居民遵守疫情防控要求的自觉性、积极性和主动性。

（二）突发事件引发应急科研创新需求

突发事件发生后，为应对和防控突发事件带来的负面影响以及对人们的伤害，预防突发事件的扩散，需要对突发事件产生的新情况、新问题和新需求进行深入研究和探索，以期快速和精准地产出科研成果，助力突发事件的防控和处置，这就是突发事件情境下产生的应急科研创新需求。2020年新冠疫情暴发后，面对新冠病毒这个"新事物"，为了更好地阻断病毒传播、预防和治疗病毒，需要对病毒的产生根源、传播途径、致病机理、诊疗方案等进行探究，从而产生应急科研创新需求。病毒追根溯源、病毒传播途径、病毒快速诊断技术与工具、疫情治疗药物与方案、病毒阻断方案、免疫疫苗研发等都是需要开展应急科研攻关的重要课题，这些科研成果的研发与应用为疫情防控提供重要支持和支撑作用。

应急科研创新除了具备一般科研创新的前瞻性、周期性、不确定性和知识创造性等特点外，还呈现出其自身独特的特点，集中体现在以下四个方面。

（1）紧迫性。突发事件发生后，快速传播，迅速蔓延，其科研攻关任务就是与时间赛跑，如能早一天攻破科研难题，达成科研成果，将为突发事件防控和处置争取更大的主动权。

（2）重要性。突发事件发生后，应急科研创新成果将为突发事件的防控与处置提供科学方法、科学方案和科学答案，应急科研创新的重要性和关键性不言而喻。如新冠疫情的诊断、治疗和免疫疫苗等都依赖应急科研创新成果的产出，可见应急科研创新在突发事件防控与处置中起到决定性和关键性的作用。

（3）时效性。突发事件的爆发、扩散、稳定、消减、退出有其自身生命周期，应急科研创新成果越早产出，对突发事件的防控和处置效果及效用越大，当突发事件已经退出时，应急科研创新成果就不再具有现实的作用和价值，可见应急科研创新的价值和效用呈现出随时间递减规律。

（4）协作性。突发事件情境下的应急科研创新任务通常跨学科和跨领域，时间紧急且任务繁重，需要整合产学研的优势资源，协同推进应急科研创新的攻关工作，才能产出时间更短、效果更佳的"硬核"科研成果。

（三）应急科研协同创新成为主流趋势

随着科研创新周期越来越短，科研创新知识的综合性和跨界性越来越普遍，多元主体合作开展科研创新活动也越来越常见，尤其是政产学研用各主体的资源禀赋具有异质性，相互合作能够实现资源共享和优势互补，为科研创新活动提供资金、人才、技术和知识等创新资源和创新要素的保障，降低科研创新的风险和不确定性，使得科研合作成为新常态。而在突发事件情境下开展的应急科研创新活动，由于其时间的紧迫性和任务的艰巨性，更需要资源异质的多元主体合作，协同开展应急科研创新和攻关任务。如何对突发事件进行快速响应并启动应急科研创新任务，如何精准识别和瞄准应急科研创新任务的重点方向和核心领域，是开展应急科研创新工作的两大关键课题。但是，不管是"快速响应"还是"精准研发"，通常都无法由一家科研机构和组织独立进行并完成，需要政府、企业、管理机构、高校、科研机构、中介组织等多主体进行合作和协作，整合各方的优势资源和特长，快速组建科研团队，科学配置科研资源，才可能实现"快速响应"和"精准研发"的目标。因此，在重大突发事件暴发的情境下，多主体协同开展应急科研创新任务是必然和应然的选择，成为应急科研创新活动的主流趋势。

新冠疫情期间，开展的应急科研创新项目中，不管是病毒诊断技术、治疗方案，还是疫苗研发方面取得重要突破和创新成果的，无一不是通过多元主体合作开展应急科研创新攻关取得的成果。事实上，应急科研协同创新和攻关已经成为一种必然的主流趋势。

二、研究意义

当重大突发事件发生时，如何快速组建科研团队，科学配置科研资源，及时开展科研创新和科研攻关，尽快产出科研成果，成为突发事件处置与防控的重点和关键。但是，由于应急科研创新任务的紧迫性和艰巨性，使得其科研创新任务很难由单一组织或机构独立完成，需要多元主体等共同参与，协同运作，才能快速且有效推进科研创新工作。因此，构建多元协同的应急科研协同创新机制是应对重大突发事件的重要突破口，具有十分重要的理论意义和实践价值。

（一）应急科研协同创新是快速整合各方优势资源的重要途径

重大突发事件的应急科研创新与攻关项目，需要精准的数据、信息和资料，拔尖的科研人才，先进的科研仪器设备，丰富的知识和技术储备，高端的科研平台等科研资源，很少组织和机构能够拥有所有的这些资源。如医院是传染病患者集中收治场所，是病患特征、临床表现、病原体等传染病毒数据、信息和资料的来源地，也是重大传染病疫情应急科研成果临床试用和验证的重要渠道。科研院所和高校等科研机构是应急科研创新的核心力量，他们拥有大量的科研创新人才和先进的科研仪器设备，以及掌握行业领先的前沿知识和技术，是知识创造和技术创新的重要渠道。企业通常是应急科研创新的主导者，是科研创新团队的组织者和科研创新平台的运营者，同时还肩负着科研成果产品化的任务。他们之间资源的异质性和互补性使得应急科研协同具有必要性和可行性，可以快速整合各方优势资源，有效弥补应急科研创新资源的不完备性、不对称性和单一性。

（二）应急科研协同创新是加快产出科研成果的关键路径

重大突发事件情境下的应急科研攻关项目是在与时间赛跑，其紧迫性和时效性要求应急科研创新尽快尽早产出科研成果，为重大突发事件防控与处置争取更多时间。在时间紧迫和任务繁重的情况下，多主体协同开展应急科研创新与攻关工作，不失为一种有效思维和路径。一方面，多主体协同开展应急科研创新工作，可以加快推进科研创新进度，多主体协同后可以集中各方的资源和要素，多线程同时开展应急科研创新各子任务和子模块的科研攻关工作，比单线程开展应急科研攻关大大缩短科研时间，加快应急科研创新与攻关进度；另一方面，多主体协同开展应急科研创新与攻关可以克服单主体惯性思维和单一思维的局限，提供多元化和多样性的科研创新思维和思路，降低应急科研创新的风险，提高应急科研创新成功的概率。

(三) 应急科研协同创新是降低科研风险和不确定性的良计妙策

重大突发事件情境下的应急科研创新与攻关任务不同于一般的科研项目，具有很强的时效性，一旦同行率先产出科研成果或者突发事件结束，其科研价值将大打折扣，这就使重大突发事件情境下的应急科研创新的风险和不确定性大大增加。多主体协同开展应急科研创新与攻关工作，在整合各方优质资源的情况下，各主体主要以现有资源投入应急科研创新活动中，可以减少每一主体额外的资金、人才、设备等投入，降低和分散投资风险。此外，多主体协同开展应急科研创新与攻关工作可以加快应急科研创新与攻关的进度，提高产出应急科研创新成果的概率，进而降低应急科研创新的不确定性。因此，多主体协同开展应急科研创新与攻关工作不仅具有十分重要的社会价值，而且还具有明显的组织经济效益。

综上可见，重大突发事件情境下的应急科研协同创新已经成为"坚持向科学要答案、要方法"的一把密钥，但是应急科研创新如何协同？协同效果如何评价？影响协同效果的关键因素又是什么？这些问题的解决凝练成一个重要的研究课题，即重大突发事件情境下应急科研协同创新的模式、效应与路径。对此问题进行深入研究和探索对重大突发事件应急科研创新与攻关意义重大，价值明显。

第二节 国内外研究现状与述评

一、科研协同的研究现状

科研协同近年来得到广泛的关注，取得了比较丰富的研究成果，这些成果聚焦科研协同机制、科研协同评价和科研协同影响因素等方面。

(一) 科研协同机制的研究

孙新波等（2019）以众包平台"InnoCentive"为实证研究对象，对科研协同激励机制进行研究，构建了三个层次的科研协同激励机制：第一层次的激励机制源于发包方与接包方内部显性和隐性激励之间的互补效应；第二层次的激励机制源于发包方与接包方之间的深度合作与有效联动形成的活化激励；第三层次的激励机制源于中介结构协调机制作用下的涌现激励。李景奇等（2019）基于科研协同过程中普遍存在的技术缺乏支持、资源难以共享和过程难以评估等问题，提出基于计算机支持的科研协同工作（CSCW）机制，并从项目群管理、虚拟科研团队、过程评价、CSCW 技术四个维度阐述科研协同管理机制、组织机制、评价机制和保障机制四个维度建立科研协同创新机制。杨莉等（Yang Li et al.，2018）以中国科学院和麻省理工学院为研究案例，对科研机构之间的科研合作进行对比研究，分析其科研协同的模式、机制和偏好。邱洪全（2021）以重大疫情为研究背景，将多元协同要素纳入统一的分析框架和逻辑体系中，构建应急科研协同的创新机制，并运用 DEMATEL – ANP 模型对应急科研协同创新水平进行动态评价，以检验应急科研创新的"协同效应"。王晓玲和康旭东（2023）以十万控分压缩机、碳纤维复合材料切削、大型全断面掘进装备制造等重大战略和行业"卡脖子"的超学科研究问题为案例，运用扎根理论和半结构化访谈方法探讨超学科科研协同机制，认为超学科科研协同主要包括超学科关键问题凝练、超学科主体协同和超学科多元知识整合三个维度，形成超学科科研协同机制的"三棱锥"模型。顾维南和刘慧（Weinan G & Hui L，2020）以"一带一路"共建 65 个国家的科研协作为主题展开研究，运用合作科学网（WOS）核心文献构建国际科学协作矩阵，探讨了"一带一路"共建 65 个国家科学协作网络的空间结构、层次结构和形成机制。研究表明科学协作网络的空间结构已经从中国和中东欧地区组成的"双核"转变为"一区多点"组成的"多极化"；科学协作网络的层次结构呈现典型的"核心—外围"结构，由"单核"向"双核"转变，在科学协作网络的形成机制中；科研实力和社会邻近性发挥着关键作用，而地理距离的阻碍逐渐得到削弱。

（二）科研协同评价的研究

田冠军和李蕾（2017）认为高校科研协同创新是整合科研资源、驱动科研创新发展的重要手段，从高校科研能力与人才培养质量之间的协同视角构建高校科研项目的多级评价指标体系，为高校科研项目的协同评价提供参考和依据。吕亮雯和李炳超（2017）以公益类科研机构为研究对象，考虑科研机构创新过程的特征，将协同创新思想和要素引入科研协同创新评价体系中，构建一套包括科研投入、科研协同、科研产出、科研成果转移转化、科研保障五个维度的科研协同创新绩效的评价指标体系。范德成和唐晓旭（Fan Decheng & Tang Xiaoxu，2009）运用模糊积分法构建科研协同创新绩效的评价指标体系，并以中国科学研究为案例，在对其科研协同创新绩效进行评价的基础上提出提升科研协同绩效的措施。安冉和单伟（Ran A & Wei S，2023）基于2009—2019年ESI数据库，运用核密度方法对22个学科最优合作团队规模和适宜合作团队规模进行评价，从定量方法判断科研合作的最佳团队规模，研究发现每个学科都有一个适宜的科研合作团队规模，且整体而言，自然科学学科的科研合作团队规模比社会科学学科的合作团队规模更大，且增长速度更快。杜瓦·乔蒂等（Jyoti D et al.，2023）利用WOS的数据对印度的科研国际合作模式进行测度和评价，从科研合作成果的级别、引文、影响力和能见度等方面对印度国际科研合作进行测度，发现从2001—2020年国际合作论文占比从20.73%上升到32.35%，主要科研合作学者来自美国、德国、英国和中国，但近年来韩国和沙特的合作学者显著增加，且数据显示在印度参与的科研合作论文中，有近50%的论文有一位来自印度的学者作为第一作者或通讯作者，显示印度在国际科研合作中的地位和影响力逐渐提升。

（三）科研协同影响因素的研究

林青宁等（2018）以中国农业科研院所2009—2015年的省际面板数据为实证分析对象，运用动态门槛回归模型研究了科研协同创新对科研成果产出的影响，且其影响存在科研禀赋结构的"双门槛效应"，当农业科研院所研发禀赋结构处于合理区间时，协同创新才能有效提高农业科研院所的创新产出。李和华和刘亚辉（Li Hehua & Liu Yahui，2013）以化工物流服务供应链（CLSSC）为研究对象，提出多主体科研协作模型，认为主体协同、资源协同和文化协同是影响科研合作成效的关键因素。路易吉·阿尔蒂埃里等（Aldieri Luigi et al.，2018）以欧洲国家为研究对象，对科研机构协同开展科研研究绩效的影响因素进行分析，发现开展内部与外部的科研协同都对科研数量和质量有显著的提升作用。范建红等（Jianhong F et al.，2023）以2010—2019年的面板数据，探讨了制度差异对我国中部六省科研合作的影响，以及省域创新环境和省域研发能力的调节效应，研究发现正式制度差异和非正式制度差异均对中部六省的科研合作产生负面影响，且在省域创新环境较好或研发能力较强的情况下，制度差异对中部六省科研合作的负面影响增强，显示了省域创新环境和省域研发能力的调节作用。张志华等（2020）认为重大疫情环境下，在病毒溯源、病患救治、疫情防控、风险治理等方面都需要科技研发发挥关键作用，科研力量的高效协同将放大和加速科研研发的进度和效用，科研协同整合效果与科研单位内部因素、外部因素以及科研单位之间的协同互动过程有关，并从个体、组织和互动过程三个维度深入分析了科研协同整合的影响因素。

二、应急科研协同的研究现状

国内外对应急科研和应急科研协同的研究还很少，相关的研究成果比较零散，已有研究成果主要集中在概念界定与内涵阐释、机制与模式、影响因素与应对策略等方面。

（一）概念界定与内涵阐释的研究

解大军和黄戈（2011）以外国军工领域的应急科研为研究对象，对军工应急科研的特点进行阐述，并对军工应急科研的具体策略进行分析，对我国军事领域开展应急科研攻关工作具有一定的借鉴价值。阿伦斯和德里克（Aarons & Derrick，2018）在对应急科研协同的概念与内涵进行分析的基础上，认为当流行疾病暴发时，卫生部门、医疗工作者、科研人员和伦理委员会应该开展有效的协调和沟通，协同推进应急科研工作的开展，以推动应急科研工作的进展速度，为流行疾病的医治与防控提供助力。宋雨薇等（2023）认为应急科研攻关是回应突发事件应急管理需求、支撑应急管理行动的重要科技行动，提升应急科研攻关的快速响应速度、保障应急科研攻关的精准研发水平是部署应急科研攻关的核心内涵，并以新冠疫情为实践案例，并运用 PMC 指数模型从应急科研攻关项目规划类政策分析、不同阶段应急科研攻关项目政策对比分析、项目工作方案政策与项目实施政策对比分析三个维度对应急科研攻关项目政策进行实证评价。

（二）机制与模式的研究

王华等（2010）以突发公共卫生事件为例，在分析突发公共卫生事件应急科研具备时效性、针对性、实用性、探索性等特点的基础上，从需求牵引、突出重点、攻关协作、科学决策等几个方面构建应急医学科研机制，提高突发公共卫生事件的处置与防控能力。马歇尔和约翰（Marshall & John，2017）以流行疾病为研究案例，认为应该在全球范围内加强病患、家属、临床护理、医生和科研工作者之间的协作与沟通，建立良好的科研协同机制。迈克尔·琼弗里多等（Gionfriddo Michael et al.，2013）以美国慢性病的紧急治疗为例，以比较有效性（CER）和实践协同决策（SDM）为理论基础建立临床医生、患者与科研人员构成的应急科研协同机制，提高治疗方案的有效性。梁中（2023）认为在总体国家安全观战略视域下，为推动科技研发力量迅速嵌入重大公共危机应对领域，需要构建结构完备、运转有序的国家应急科研机制，国家应急科研体系从条块分割到多层次、多主体、跨部门协同联动不断强化，从单一"行政指挥线"到"行政指挥线"和"学术指挥线"并行与融合，从单灾种、短期性、"个案化"应急科研处置到指向多灾种、多尺度、"专常兼备"的制度化应急处置框架转变，构建从"非常态应对"转向"战略化存在"、从"排他性竞争"转向"多元合作创新"、从"封闭式决策"转向"开放型决策"的基本理论逻辑。

（三）影响因素与应对策略的研究

许玉和张晓丽（2015）以重大传染病事件为例，对我国突发公共卫生事件的科研合作进行分析，针对突发传染病事件中科研合作存在的问题，并提出加强科研机构之间合作的策略提高科研速度和效果。帕布罗·桑托斯·伯巴诺等（Burbano Santos Pablo et al.，2017）以 SCOPUS 数据库为依据，对西班牙应急医学领域中科学家与医院协同开展科研的网络结构和协同模式进行研究，发现科学家与医院的中心度、集中度和亲近度等指标是影响科研协同网络的关键因素。谭庆梅和惠娟（Qingmei T & Juan H，2022）研究了重大突发公共卫生事件情境下应急科研成果转化能力评价问题，针对应急科研成果转化面临的资源有限、时间紧迫、需求动态和成果缺乏等不利因素，运用改进最小距离—最大熵组合赋权法构建突发公共卫生事件应急科研成果转化能力的评价指标体系，并以此对不同主体、不同区域的应急科研成果转化能力进行动态评价，还通过 ER 指数改进极化效应贡献度测度模型，分析了区域应急科研成果转化能力的极化效应贡献度。黎爱军和孙亚林（2021），提出应急科研攻关必须紧贴一线需求、坚持实用导向、加强学科协作、突出研究时效、纳入防控体系的应对策略。

三、研究评述与发展趋势

（一）研究评述

综合以上研究进展，应急科研协同发展的已有研究成果为本书研究奠定了基础。但是，整体而言，针对应急科研协同创新的研究还不够系统和深入，不管是应急科研协同的机制构建，还是应急科研协同的评价与影响因素研究均处于探索阶段。具体而言，主要存在以下突出问题。

（1）研究成果的数量不足，不管是"中国知网"还是"SCI & SSCI"数据库，都比较缺乏关于应急科研协同领域的研究成果。

（2）研究视角的局限性，多数关于应急科研协同的研究集中于科研主体协同、资源整合或信息共享等单一层面，缺少多元协同视角下应急科研协同的系统研究。

（3）研究方法的单一性，现有研究多数采用定性和静态方法进行宏观研究，缺乏从定性与定量相结合、静态与动态相结合、宏观与微观相结合的综合研究方法。

（4）缺乏完善的理论体系，应急科研协同是一项复杂的系统工程，需要从多视角、多层面、多维度构建系统、完善的理论体系和理论框架，但是目前国内外对应急科研协同的研究还不够系统和成熟，缺乏完善的理论体系和理论框架。为此，本书以复杂系统协同学理论为支撑，在梳理现有研究成果的基础上，从创新机制、动态评价和影响因素分析三个方面对重大传染病疫情情境下的应急科研协同进行深度分析和思考，对增强我国重大传染病疫情应急科研协同能力，提高应急科研对重大传染病疫情防控的支持力度具有理论意义和实践价值。

（二）发展趋势

纵观社会生态环境变迁的规律和科学发展的一般逻辑，我们认为突发事件情境下的应急科研协同领域将有以下发展趋势。

（1）应急科研成果对突发事件的防控与处置的效用和支持力度将日益凸显，当自然灾害、事故灾害和公共卫生事件等突发事件发生时，面对新形势、新情况和新问题，需要新技术、新方法和新手段，而新技术、新方法和新手段从哪里来？无不需要依靠应急科研创新和攻关成果中来。

（2）产学研政等科研主体协同开展科研攻关任务将成为应急科研的主流模式，多主体通过整合资源与要素，通过科研协同平台、协同机制的有效联结，能有效推进应急科研的进度，提高应急科研协同创新的响应速度和精准研发方向，提升应急科研创新和攻关的效率和效果。

（3）应急科研协同创新的模式与机制、协同测度与评价、影响机理与因素等领域将成为学界和业界研究的热点，随着应急科研协同创新的作用和价值逐渐被挖掘和认知，应急科研协同创新的理论研究将逐渐得到专家和学者的关注与重视，将成为理论研究和实践探索的焦点。

第三节 研究思路与主要内容

一、研究思路

本书研究遵循科学研究的一般逻辑和思路，从理论研究概述→数据收集与准备→应急科研协同创新资源与模式→应急科研协同创新动态评价→

应急科研协同创新影响效应→应急科研协同创新影响因素识别→应急科研协同创新联动机制→应急科研协同创新提升路径。本书章节之间存在内在的逻辑关系和层层递进关系，符合科学研究和科学探索的内在关联，具有一定的合理性和科学性。具体研究思路与框架如图 1-1 所示。

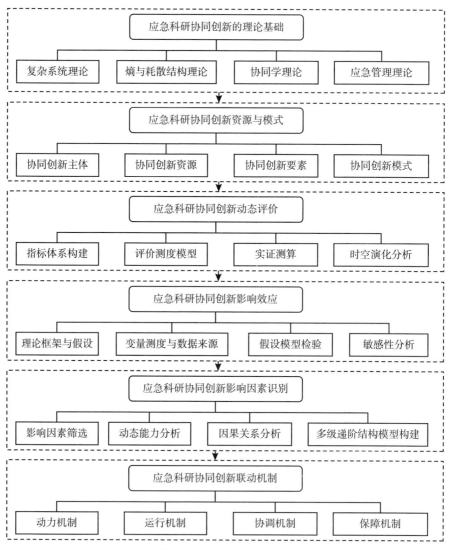

图 1-1 研究思路与框架

二、主要内容

本书研究内容分为以下八章。

第一章，绪论。本章对本书的写作缘起和依据进行阐述，对内容和框架进行设计。主要包括应急科研协同创新的研究背景与研究意义；对现有研究成果进行梳理和总结，分析现有研究存在的不足与缺陷，提出研究的贡献和价值；对研究思路、主体研究内容、采用的研究方法和主要创新点等进行阐述。本章起到一个概览的效果，起到一个引导出本书后续内容的作用。

第二章，应急科研协同创新理论概述。本章概述了应急科研协同创新的相关概念和理论。首先界定了应急科研协同创新的基本概念，阐释了应急科研协同创新的内涵。其次对应急科研协同创新的相关理论进行介绍，主要包括复杂系统理论、耗散结构理论、协同学理论、应急管理理论等。本章是本书内容框架的理论依据和理论指导，起到一个理论引领的作用。

第三章，应急科研协同创新系统与模式。本章对应急科研协同创新的理论框架、理论模型、基本特征和模式分类等内容进行阐述。首先根据应急科研的本质属性构建系统分析框架，包括应急科研协同创新的双重属性、双重目标和多元主体协同创新的三个层面，进而从物理学、生态学和管理学三个维度获取理论支撑。其次从系统主体、客体和环境三个方面构建应急科研协同创新的系统模型，并对系统模型包含的主体、任务、资源、机制、绩效和环境等要素进行一一介绍。再次将应急科研协同创新与一般科研创新进行对比分析，提炼其独有的特征，包括目标一致性、资源共享性、功能耦合性、时间紧迫性和文化包容性等。最后依据主导主体、合作紧密程度和权属配置三个维度对应急科研协同创新模式进行分类，并深入分析每种模式的合作特点。本章构建了系统概念模型，起到理论模型构建的作用。

第四章，应急科研协同创新的动态评价。本章构建应急科研协同创新的评价体系，并开展实证测评。首先综合运用复杂系统协同学和动态能力理论，选取感知识别能力、重构匹配能力、协同共享能力、沟通协调能力、学习应用能力和利益分配能力六维度的评价指标，确定这些指标的权重分配，建立评价指标体系。其次运用 DTS 协同测度模型建立应急科研协同创新评价模型，以新冠病毒检验试剂盒研发为案例，开展实证测评，并进行时序演化分析。本章对研究对象进行系统、动态的评价，起到测评的作用。

第五章，应急科研协同创新的影响效应。本章研究多元协同创新对应急科研攻关绩效的影响效应。首先深入探讨多元协同创新对应急科研攻关绩效影响机理，建立以科研禀赋结构为门槛变量的双门槛回归模型。其次调研和收集新冠疫情期间相关应急科研协同创新和攻关的实践案例，实证检验多元协同创新对应急科研攻关绩效的影响关系。本章探索多元协同创新对应急科研攻关绩效的影响程度和影响机理，起到认知影响效应的作用。

第六章，应急科研协同创新的影响因素。本章对制约应急科研协同创新的影响因素进行识别，为提升应急科研协同创新绩效提供理论依据和着力点。首先运用动态能力理论建立应急科研协同创新的影响因素集，采用多轮专家匿名函询方法对影响因素集进行筛选。其次运用决策实验室法（DEMATEL）进行"四度"（影响度、被影响度、中心度和原因度）计算和分析，进而绘制因果关系图，划分原因型指标因素和结果型指标因素。最后运用解释结构模型（ISM）构建应急科研协同创新影响因素的多级递阶拓扑结构模型，将影响因素划分为五个层级、三个层次（浅表层、过渡层和本质层），分别属于应急科研协同创新的直接影响因素、间接影响因素和根源影响因素，明晰影响因素间的逻辑关系和层次关系。本章对应急科研协同创新的内在影响因素进行识别，起到认知影响机制的作用。

第七章，应急科研协同创新的联动机制。本章从运行保障视角设计应急科研协同创新的联动机制。首先从系统视角构建应急科研协同创新联动机制的整体框架体系，阐述各部分内容之间的相互影响和相互制约关系。其次对应急科研协同创新联动机制中的动力机制、运行机制、协调机制和保障机制四个模块进行详细阐述。本章起到设计和建立应急科研协同创新联动机制的作用。

第八章，结论与展望。本章对本书的研究内容和研究成果进行总结，对存在的不足和仍需改进之处进行说明，并对应急科研协同创新的研究进行展望，提出需要进一步进行研究的选题方向。

第四节 研究必要性、重要性及可行性

当突发事件发生时，应急科研成果的应用成为突发事件防控与处置的关键，"坚持向科学要答案，要方法"是突发事件防控与处置的第一要务。鉴于突发事件情境下应急科研创新与攻关任务的紧急性、重要性、时效性和协作性特征，政府机构、企业、科研院所、高校、中介组织等主体整合优质科研资源和科研要素，协同开展应急科研攻关，快速、精准地推进应急科研进度，尽快尽早产出科研成果，助力突发事件防控与处置，是本书研究的切入点和立足点。

一、研究的必要性

当突发事件发生时，由于应急科研任务的紧迫性和艰巨性，需要快速响应并整合优质的信息、人才、知识、技术、设备等科研资源和科研要素，精准锚定科研方向。而单一组织或机构通常难以具备所有资源和要素，政府机构、企业、科研院所、高校、中介组织等不同主体所拥有的资源和优势异质性和互补性强，结成应急科研协同创新联盟，协同开展应急科研创新和攻关任务，可以有效整合各自优质的科研资源和要素，发挥每一组织和机构的优势和特长，克服单一组织或机构的资源与要素缺陷。此外，突发事件情境下，应急科研通常在与时间赛跑，快速响应和启动应急科研项目，并加快推进应急科研研发进度，尽快产出应急科研成果，是应急科研的核心目标。然而由单一科研主体开展应急科研创新活动时，由于资源的局限性，通常对应急科研创新进度有心无力，只有多主体聚集各自的优势资源，协同开展应急科研创新和攻关任务，才能有效加快应急科研创新和攻关速度，实现快速响应和加快推进的目标。由此可见，在突发事件环境下，应急科研协同创新是必然选择，但是目前对于应急科研协同创新的机制与机理、评价与测度、影响因素等方面的理论研究相对滞后，难以有效指导应急科研协同创新的实践。为此，本书的研究显得十分必要和迫切。

二、研究的重要性

当多主体合作开展应急科研创新和攻关工作时，由于各主体的利益诉求不同，文化的差异性，科研习惯和思维方式的迥异，难免产生分歧、纠纷、争议等，如果不能很好地处理和解决这些问题，就会产生内耗，影响合作质量和应急科研创新的效果，出现"1+1<2"的负面效应。为此，我们要深入研究和探析应急科研协同创新的内在机理和运行机制、动态评价体系和关键影响因素，以指导应急科研如何更有效地开展协同工作，提高协同层次和协同水平，进而提高应急科研协同创新的绩效，产生"1+1>2"的协同效应。应急科研协同程度的高低和协同效果的好坏依赖于协同机制的优劣，从主体协同、任务协同、要素协同、机制协同、绩效协同等维度构建多元协同的应急科研协同创新机制，对提高应急科研协同程度和水平，提升应急科研协同创新绩效，精准、快速产出应急科研创新成果具有重要的促进与推动作用。为此，本书的研究十分重要并有价值。

三、研究的可行性

本书的研究具有理论和实践的可行性，主要体现在以下四个层面。

（1）研究理论层面，复杂系统理论、协同学理论和耗散结构理论将为突发事件情境下应急科研协同创新的研究提供理论基础和理论支撑，为应急科研协同创新机制构建、动态评价体系建立和关键影响因素识别提供强有力的理论依据。

（2）研究实践层面，新冠疫情是一起典型的重大突发事件，在国家相关应急科研战略的强力引导下，应急科研协同创新的实践案例捷报频传，如由中国疾控中心、上海同济大学医学院、斯微生物（上海）科技有限公司基于mRNA平台协同开展的新冠疫苗应急科研创新项目，快速启动并精准锚定应急科研方向，多方协同开展应急科研创新和攻关任务，确保新冠疫苗应急科研创新项目能够快速产出成果，为疫情防控提供助力。

（3）研究设计层面，本书拟定的研究目标明确，思路清晰，结构完整，突发事件情境下应急科研协同创新模式、动态评价和影响因素成为研究的三项核心内容，三者之间逻辑清楚，层层递进，浑然融为一个统一的整体。

（4）研究基础层面，本书作者在复杂系统协同理论、协同创新机制、评价指标体系、影响因素识别等相关领域有比较深厚的研究基础，积累了比较丰富的研究经验。本书作者所在单位建设了专业的系统建模与仿真实验室，可以为研究提供良好的实验设备和实验环境。此外，课题组成员结构合理，老中青结合，研究领域具有互补性和交叉性，学术水平高、科研经验丰富、创新意识强。为此，本书的研究具备相关的基础和条件，具备可行性。

第五节　研究方法与主要创新点

一、研究方法

（一）调查研究法

为全面了解突发事件发生环境下应急科研协同创新和攻关的状况，深入了解应急科研协同创新的运行机制、协同工作模式、协同成效、存在的困境等。笔者深入各应急科研协同创新和攻关团队，通过田野调查、问卷调查、访谈、在线交流等方式为研究收集数据、资料和信息，为本书撰写提供真实、客观的第一手资讯和素材。

（二）专家咨询法

国内外对科研协同、应急科研协同等领域已经有比较丰富的理论研究和实践探索，积累了一些可供借鉴和学习的研究成果和实践经验。在本书研究和撰写过程中，通过访谈、问卷调查、微信交流等方式咨询相关领域的专家、学者和业界人士，为研究提供多维度、多层面的视角和观点，扩展研究视野，启迪研究思路。

（三）复杂系统分析法

本书的研究将突发事件情境下应急科研协同创新视为一个复杂、动态、开放、非线性的复杂系统，针对应急科研协同创新系统涉及多主体、多要素、多层次、多平台的特点，运用复杂系统的理论、思维和方法对应急科研协同创新进行综合考量和系统分析，开展整体性、全局性、动态性研究，从研究内容、研究方法、研究思想等方面都蕴含复杂系统理论的影子和光芒。

（四）DEMATEL – AHP 法

本书考虑到应急科研协同创新系统的复杂性和内部结构的不确定性，将决策实验分析法（DEMATEL）和层次分析法（AHP）相结合，构造 DE-MATEL – AHP 法，以科学确定突发事件情境下应急科研协同创新各影响因素的重要性程度，建立适合的应急科研协同创新绩效的动态评价指标体系，以及影响因素的原因型或结果型属性。

（五）系统协同度评价法

本书将在构建应急科研协同创新评价指标体系的基础上，运用 DTS 协同测度模型建立应急科研协同创新系统的有序度和协同度算法，对突发事件情境下应急科研协同创新的有序度和协同度进行动态评价，并分析其时序演化特征，以全面、动态地揭示应急科研创新的协同程度、水平和绩效。

（六）系统动力学模型

本书将运用系统动力学方法建立突发事件情境下应急科研协同创新系统的因果关系图和流图，采用 Vensim PLE 仿真平台对应急科研协同创新系统模型进行模拟和仿真，以探究突发事件情境下应急科研协同创新系统的内部结构和运行机理，识别突发事件情境下应急科研系统协同创新系统的动力机制和关键影响因素。

二、主要创新点

本书以突发事件为研究背景，紧扣社会关切，凸显其现实性和应用性，具有迫切的研究需求，明确的研究方向和目标。本书拟在以下四个方面取得科学创新和突破。

（1）研究领域创新。尽管科研协同创新已经有了比较丰富的研究成果，但是针对突发事件情境下的应急科研协同创新相关领域的研究相对缺失和缺位，成为研究的薄弱环节。本书研究将突发事件情境下的应急科研协同创新作为核心研究对象，能有效弥补此领域研究不到位和不充分的问题，在理论上具有一定的先导性和创新性。同时，本书的研究有助于突发事件发生时，应急科研协同创新和攻关任务的快速响应和精准研发，为突发事件的防控与处置提供科学方法和科学方案，具有实践的价值性。

（2）研究视角创新。目前多数关于应急科研协同创新的研究集中于科研主体协同、要素协同或机制协同等单一层面，缺少多元协同视角下应急科研协同创新的系统性和整体性研究，使得研究缺乏系统性和整体性。本书将主体协同、任务协同、要素协同、机制协同、绩效协同等纳入统一的系统分析框架，从单元协同到多元协同，是研究视角的创新尝试。

（3）研究方法创新。针对现有研究多数采用定性和静态的研究方法，使得应急科研协同创新的研究方法具有一定的局限性和制约性。本书将采用定性与定量相结合、静态与动态相结合、宏观与微观相结合的综合研究方法，综合运用田野调查法、访谈与咨询法、系统协同度评价法、DEMA-TEL－ANP模型、系统动力学、计量经济模型、解释结构模型（ISM）等，将进一步丰富突发事件情境下应急科研协同创新的研究方法。

（4）理论体系创新。目前应急科研协同创新的研究还处于初始阶段，不够系统和成熟，缺乏完善的理论体系和理论框架。本书将以复杂系统理论、协同学理论、系统动态评价理论、系统动力学、动态能力理论为基础，从多视角、多层面、多维度构建比较完善的理论体系和理论框架，能够在一定程度上充实和完善应急科研协同创新的理论框架体系。

第二章　应急科研协同创新理论概述

第一节　相关概念界定

一、协同创新

（一）协同创新的概念

协同创新是"协同"与"创新"的有机组合，随着协同学和创新理论的演化而提出，并不断得到关注、重视和发展。"协同"这一概念由德国物理学家哈肯（Haken）1976 年提出，认为系统由若干相互关联、相互依赖、相互影响的子系统（因素）构成，各子系统相互作用产生的效果大于各子系统单独作用的效果相加总和，即"1 + 1 > 2"，称之为系统的"协同效应"。"创新"一词最早由美籍奥地利经济学家约瑟夫·熊彼特（Joseph Alois Schumpeter）1912 年提出，在《经济发展理论》中认为创新就是将生产要素和生产条件进行重新组合建立一种新的生产函数，形成新的生产能力和经济能力，并充分肯定企业家在创新中的决定性作用，此时关注的主要是技术创新。随着经济社会的发展，以及专家学者们研究的深入，创新的范畴与外延不断拓宽，组织创新、技术创新、制度创新、知识创新、产品创新等逐渐纳入创新范围，形成创新的主要研究对象。随着时代的发展和演化，专家学者们开始将"协同"与"创新"进行结合，提出"协同创新"概念，认为不同创新主体的资金、人才、技术、知识、信息等资源通过一定方式有效地整合在一起，使得各创新主体能够扬长避短、优势互补，充分发挥各自特长，充分激发创新动力和活力，从而将理论创新、组织创新、技术创新、制度创新、知识创新、产品创新以及创新成果转化等有机结合，实现创新系统非线性的叠加效果，提高创新的效率和效果，降低创新风险，达成创新系统的"协同效应"。

（二）协同创新的特征

协同创新最早主要出现在技术创新领域，但随着协同创新理论与实践的发展，对协同创新的认知不断深化，逐渐超越了技术领域，企业和组织利用自身所拥有的创新资源、知识、技术等开展创新的活动都适用于协同创新中，并通过"独立创新—合作创新—开放式创新—协同创新"这一路径进行演化，协同创新的本质就是实现知识和技术的高效流转从而创造价值，逐渐呈现出以下特征。

（1）创新主体的多元性，由于创新活动的复杂性、交叉性和跨界性，越来越多的创新活动由多家资源异质的企业、组织和机构共同参与，整合各自的优势资源，为创新活动提供更加完备的创新环境和创新条件，协同开展创新活动。

（2）创新资源的共享性，多家参与创新活动的主体，在开展创新活动过程中，能够拓展各自资源的局限和限制，能够彼此共享合作伙伴的资金、人才、技术、信息等创新资源，确保创新活动所需要的资源得到满足。

（3）创新管理的协调性，多元主体共同参与创新活动，其管理和运行的动态性和复杂性大大增加，需要构建一套科学、合理、有效的管理体系和协调机制，推动协同创新活动稳定、有序开展。

（4）创新成果的增值性，这是协同创新的核心特征，各主体间进行协同合作的目的就是通过资源互补、知识整合实现创新价值的最大化。知识在传递过程中被消化吸收并转化成新知识，实现了知识的增值效应。可以说，创新是知识增值的动力与目标，知识增值是实现创新的路径，二者相辅相成。

（三）合作创新与协同创新

在汉语词典里，"合作"是指互相配合做同一件事情或者共同完成某项任务。而对"协同"的理解通常包含两种视角，一是认为"协同"表示协和、同步、和谐、协调、协作、合作，主要指两个或两个以上的不同个体，协同一致地完成某项任务的过程或能力。二是认为"协同"属于哈肯（Haken）系统协同学的基本范畴，自然界和人类社会的各种事物普遍存在有序和无序现象，有序就是协同，无序就是混沌，两者之间在一定条件下可以相互转化。也就是说协同意味着系统中各子系统（要素）能很好配合、联动，将多种资源和力量集聚成一个总力量，形成远超过原各自力量总和的新功能。

"合作"与"协同"之间既有联系，又各有不同的内涵。首先，两者都有相互配合、共同工作、联合完成某项任务之意，但在系统复杂性程度上，"合作"的系统运行既可以相对复杂，也可以相对简单，即参与主体可多可少，联合完成任务的难度可高可低；而协同往往需要多主体参与联合完成规模大、难度高的任务和项目。其次，两者都具有达成更高目标的共识、合作的各方在合作前对合作后可能达成的价值或效果具有可预期判断，更多是基于个体目标的互利共赢；而协同的目标更加高远，因而难以事先精确预测，协同更重视系统的整体性、战略性和新的增长点，是基于整体效应的跨界增长。最后，合作是协同的基础，缺乏足够深度和广度的合作不可能实现协同，协同是合作主体之间更紧密、更深层次的关联与交互。

此外，"合作"与"协同"存在着一种"和而不同"的关系，结合近几年的课题调查和研究，本书将"合作创新"与"协同创新"既关联又有差异的关系归纳为：（1）合作创新是协同创新的基础，协同创新需要高水平、深层次合作创新作支撑；（2）协同创新包含合作创新，协同创新是规模更大、关联更密切、系统更复杂的合作创新；（3）合作创新更具自主性，协同创新更具整体性、战略性和控制性；（4）合作创新基于可预期目标的达成，产生各自更高的利润和价值，协同创新重在创造共享的、新的跨界增长点；（5）合作创新依赖信息交换与资源共享，协同创新更依赖战略重组与技术革新；（6）协同创新需站在道德制高点，可能为了整体利益和新的增长点牺牲局部利益，合作创新重视强强联合为各主体带来"1+1>2"之共赢，教育部1989年开始每年评选的"中国高校十大科技进步奖"，在前十年的评选结果中，发现90%以上获奖项目均由单个高校组建的科研团队开展合作创新成果，从2009年以后逐渐演变成高校与高校之间、高校与科研机构之间、高校与企业之间、高校与科研机构和企业之间联合申报的情况越来越多，科研创新正悄然进行着从"合作创新"到"协同创新"的转变与嬗变。

二、科研协同创新

（一）科研协同创新的概念

科研领域的协同创新是协同创新的重要组成部分，是我国科技创新驱动战略的核心内容，也是我国突围和破解"卡脖子"难题的主要抓手。科研协同创新一般是指为完成某项科研创新任务而开展合作的科研创新活动形态，有时也称之为"科研协作创新"或"科研合作创新"，其英文翻译为"scientific collaboration innovation"，三者之间的本质内涵相似，但是存在一定的差异，主要体现在合作的紧密程度及合作效果方面，一般认为科研合作创新中，各科研合作主体之间的合作关系比较松散，合作效果比较一般；而科研协同创新中，各科研协同创新主体之间的合作关系比较紧密，产生科研创新的"协同效应"，合作效果较好；而科研协作创新的合作紧密程度和合作效果介于科研合作创新和科研协同创新之间。本书认为科研协同创新是为完成某项科研创新目标，创新资源和要素异质的多个主体共同参与的、多元化协同的一种知识与技术的创新与应用过程。科研协同创新的基础和前提是"多元主体"，指不同主体共同参与某一项科研创新活动或任务，通过彼此之间相互影响、相互作用，达成共同的科研创新目标。本书研究的多元主体考虑不同层面、拥有不同资源的创新主体，通过彼此之间资本、知识、技术、信息等资源的共享及优化配置，协同开展科研创新活动，以达成提高科研创新效果、降低科研创新风险、缩短科研创新周期的"协同效应"。

（二）科研协同创新的主要内容

科研协同创新除了具备一般科研创新的内容外，还有其自身独特的内容，主要包括以下几个方面。

（1）跨学科、跨领域的知识融合，在知识生产和创新上，通过多元主体的合作，可以突破单一学科、单一领域的知识界限和局限，通过多种方式和渠道，实现多学科、多领域的知识交叉与融合，开展跨界科研协同创新活动，实现复合知识的创新。

（2）资源与要素的共享协同，不同主体的资源异构分布和优势资源整合共享是实现跨科学、跨领域科研协同目标的重要途径，不同创新资源和要素分布在高校、科研院所、企业、政府和中介机构等创新主体中，需要构建相应的协同机制，打破各个组织之间的界限壁垒，实现创新资源和要素的自由流动，从而推动科研协同创新活动的高效运转。

（3）协同信息、技术服务，科研协同创新进程中，信息资源和要素的流动，离不开信息技术的支持，信息技术渗透到科研协同过程的各个环节，利用新的信息技术和信息手段，构建信息服务与共享平台，组建专门的信息服务与共享组织（部门），协同开展信息、技术及知识管理等服务，提高科研协同创新效率。

（4）协同运行机制，科研协同创新是一个动态复杂、涉及多元创新主体的协同过程，面对不同的创新主体及其不同的创新需求与活动，需要构建科学、合理、有效的协同运行机制，来协调不同创新主体之间的利益分配关系，激发不同创新主体的持续参与动力，为科研协同创新活动提供资源和物质保障等。

（三）科研协同创新的要素

从系统理论的视角，可以将系统划分为系统主体、客体与环境三要素。科研协同创新系统的三要素是科研协同创新主体、科研协同创新客体和科研协同创新的系统环境，它们之间相互作用、相互影响。科研协同创新主体主要包括政府部门、高校、科研院所、企业、中介服务机构等，科研协同创新主体之间资源禀赋异质、优势互补、成本与风险共担、利益共享，协同推进科研创新活动，达成科研创新目标；科研创新客体主要包括资本、数据、信息和知识等，它们是科研创新活动的基础性资源和要素，具有客观性、共享性和价值性等特点。这些要素资源是科研创新对客观事物及其规律认识的渐进阶段，并呈现出螺旋上升、不断循环的特征。通过客观数据的认识和分析，对信息和相关的知识进行系统性的思维活动，从而获得本质性和规律性的认识，创造出新的知识。新的知识又开辟了新的应用场景，提出需要进一步认识的对象领域。在每一项科研协同创新活动中，都离不开资本、数据、信息和知识这四种资源和要素，科研协同创新本质上是资本驱动、数据组织、信息创造和知识发现的循环过程，成为科研协同创新的客体，即科研协同创新主体作用的对象。任何事物都离不开所处的环境，系统环境是事物赖以生存和发展的外部因素的总和，系统中各要素与其环境之间不断进行物质、能量和信息的交换，从而促进系统不断向前发展。科研协同创新的系统环境主要包括政策环境、工作环境和服务环境三个关键的环境要素。

三、应急科研协同创新

应急科研协同创新是指突发事件情境下产生的紧急、非常规、应对性的科研协同创新项目。应急科研协同创新除了具备一般科研创新的属性外，还具有应急管理的属性。从科研创新的角度看，它具有周期性、风险性和探索性等特点；从应急管理的角度看，它具有紧急性、时效性、针对性、协同性和政策性等特点。紧急性是指应急科研协同创新的成果产出时间要快，越快产出科研攻关成果，对突发事件的防控与处置效果越好，这就要求应急科研协同创新要对突发事件进行快速响应。时效性是指应急科研协同创新的成果使用往往不是常规和长期的，而是周期性，只在突发事件暴发期间才有使用价值和使用效用，一旦突发事件消退或结束，就不再需要或很少需要，且在突发事件生命周期内越早使用其效果和效用越好。针对性是指应急科研协同创新的指向性很明确，就是为了应对突发事件，助力突发事件的防控与处置，这就要求应急科研协同创新要锚定突发事件防控与处置的要害，启动精准研发项目。协同性是指为了快速且精准完成应急科研协同创新和攻关任务，需要政府、企业、高校与科研院所、企事业单位、中介服务等多元主体紧密合作，协同开展应急科研创新和攻关任务，才能实现快速响应且精准研发的目标。政策性是指应急科研协同创新和攻关具有政策引导性，当突发事件暴发时，为了对突发事件进行有效防控和处置，国家相关部门通过应急科研项目招标、应急科研项目委托、应急科研项目资助等多种形式引导全社会的科研资源和要素向应急科研协同创新和攻关项目聚集，为应急科研协同创新和攻关提供资源和要素保障。

第二节　复杂系统理论

一、复杂系统的概念

系统思想的产生与人们的社会实践活动密切相关，人们在认识世界和改造世界的过程中，逐渐认识到自然界的事物之间存在普遍的联系和影响，形成一个统一、不可分割的整体。系统思想的产生有悠久的历史，古希腊唯物主义哲学家提出宇宙大系统的概念，就是朴素系统思想的体现；亚里士多德指出"整体大于部分的总和"，说明系统内部各要素的组合可以产生"内生动力"；我国西周时间出现的世界构成"五行说"，至今仍然有一定的影响；中国人做事讲究天时、地利、人和，以及谋事在人、成事在天；中医诊断患者时重视形、气、色的综合辨证；我们日常吃饭注重食物的色、香、味俱全；公元前6世纪军事家孙武撰写的《孙子兵法》讲究打仗要把道（义）、天（时）、地（利）、将（才）、法（治）五个要素有机结合起来……这些都是系统思想的体现。

我国著名科学家钱学森将系统定义为由两个以上相互联系的要素组成，且具有特定功能、结构和环境的整体。在系统的定义中，强调系统的目的性、整体性、关联性和动态性。其中，系统的目的性表明任何一个系统都是有特定功能的，为了达到某种预期的目的而存在的，我们研究系统的目的就是为了更有效地达成系统目的。系统的整体性强调构成系统的各要素之间不是相互孤立和离散的，是一个统一的整体，各要素之间是一种"你中有我，我中有你"的相互依存关系，且通常各要素处于最佳状态，难以保证系统整体的最优性。系统的关联性强调构成系统的各要素之间是相互影响、相互关联、相互制约的。系统的动态性强调系统总是处于运动中，并在与外界进行物质、能量、信息的交换中不断运动和变换，改变系统状态。

系统通常分为简单系统、随机系统和复杂系统。简单系统一般遵循简单的规律，其包含的要素比较少且要素之间的关联关系比较弱，近似符合"整体功能等于部分功能之和"的规律。随机系统是指具有不确定性的系统，系统受到外界环境的随机干扰，使得系统状态随机发生变化。复杂系统往往由许多同类或不同类的子系统构成，同时子系统还可以划分为更小的子系统，这些子系统具有智能性和自适应性，且各子系统间具有强烈的耦合作用。系统某一层次的性质并非其低层次子系统性质的简单加总，而是具有新的功能和性质，即整体功能大于部分之和，这个过程被称为涌现，是系统具有的重要性质之一。

二、复杂系统的发展与主要流派

（一）系统科学的发展历程

系统思想和系统科学的发展始于 20 世纪 40 年代，先后经历了三个发展阶段。第一个阶段是硬系统阶段，主要以维纳的控制论为代表，以机器为主要研究对象，其功能主要是接收控制指令，完成指定的工作任务。第二个阶段是复杂随机系统阶段，主要以普利高津的耗散结构理论和哈肯的协同学说为代表，研究的系统具备两个特征：一是系统的要素多，可以达到 10^{20} 数量级，此时采用控制论已经难以适应并达到理想的效果。二是系统要素之间具有自身的、另一层次的、独立的运动，导致系统具有统计性和随机性，出现了自组织涨落、相变等新的概念；同时系统开始变"软"了，能够适应社会系统和经济系统等更加复杂的研究对象。第三个阶段是开放的复杂巨系统阶段，此阶段开始使用计算机技术和手段研究系统，提出人工神经网络、案例推理、人工智能等理论和工具，强调个体的主动性，承认个体有其自身的目标、行为取向，能够在与环境的交换和互动作用中有目的、有方向地改变自己的行为方式和行为模式，达到适应环境的合理状态，称之为复杂适应系统。

（二）复杂系统主要流派

随着人们对复杂系统理论研究的不断深入，对复杂系统的理解和认知也不断深入。但是，人们对复杂系统的研究仍然处于快速发展过程中，远未达到成熟状态，各种理论和方法不断涌现。就目前而言，主要有三个比较主流和有影响力的学派：复杂适应系统流派、开放的复杂巨系统流派、系统动力学流派。

1. 复杂适应系统流派

复杂适应系统流派的代表是美国圣塔菲研究所（Santa Fe Institute，SFI），其宗旨是开展跨学科、跨领域的复杂性研究。之后是美国约翰·霍兰（John Holland）教授在1994年提出了复杂适应系统，把经济、社会、城市、生态、免疫系统、胚胎、神经系统以及计算机网络等称为复杂适应系统，认为存在着某些一般性的规律控制着这些复杂适应系统的行为，并提出"适应性主体""可变图示""混纯边缘"、适应性景观"等概念来表征和刻画复杂适应系统的整体多样性和演化模型。

2. 开放的复杂巨系统流派

开放的复杂巨系统流派是由我国著名的系统科学家钱学森为代表的"中国学派"所提出，其核心思想是根据子系统的数量级划分系统的复杂程度，将系统分为小系统（成千上万个元素）、大系统（上百亿个元素）、巨系统（万亿个元素）；按照子系统关联关系的复杂程度不同，可将系统划分为简单系统和巨系统；按系统与其环境是否有物质、能量和信息的交换，可将系统划分为开放系统和封闭系统，形成如图2-1所示的系统结构。

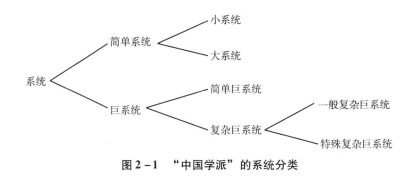

图 2-1 "中国学派"的系统分类

3. 系统动力学流派

系统动力学（system dynamics，SD）是系统科学理论与计算机建模与仿真紧密结合、研究系统反馈结构与行为的一个流派。该流派汲取了控制论与信息论的精髓，分析解决问题的方法是定性与定量分析的统一，以定性分析为先导，以定量分析为支持，两者相辅相成。它从系统内部的机制、微观结构入手，剖析系统进行建模，借助计算机模拟技术，来分析研究系统内部结构与其动态行为的关系，并寻找解决问题的对策。因此，系统动力学的建模方法，可视为"实际系统的实验室"，它特别适合于分析解决社会、经济、生态和生物等一类非线性复杂大系统的问题。1956 年系统动力学由美国麻省理工学院斯隆管理学院的福瑞斯特（Jay W Forrester）教授创建，初期它主要应用于工业企业管理，处理诸如生产与雇员情况的波动、市场股票与市场增长的不稳定性等问题，也因此得名"工业动力学"。1969 年福瑞斯特从宏观层次研究了城市兴衰问题，出版了《城市动力学》。20 世纪 70 年代，系统动力学逐渐走向成熟，福瑞斯特和他的学生梅多斯分别建立了探讨人口增长与资源枯竭问题的世界模型（WORLD Ⅱ 和 WORLD Ⅲ），这一时期系统动力学受到世界范围的关注。到了 90 年代以后，系统动力学在宏观领域、项目管理领域、学习型组织领域、物流与供应链领域、公司战略领域得到广泛应用。

三、复杂系统特征

尽管学界对复杂系统的研究还不够成熟，理论体系也还不完善，但是对复杂系统特征的概括和表征还是比较一致，主要可以归纳为以下几个方面。

（一）非线性与动态性

线性是简单系统的特征，而非线性是复杂系统的特征，在非线性系统中，系统各元素之间相互联系、相互影响、相互制约，形成复杂的网络关系与反馈回路，各元素之间的关系不是等比例变化的，而是形成复杂的非线性耦合模型。也就是说系统整体不是系统各部分的简单叠加，而是系统整体大于系统各部分的总和。且复杂系统运行过程中，会受到外界环境干扰和人为干预，各元素的状态会随机变化，加剧系统元素的不确定性、多样性和不可预测性。

复杂系统在运行中会不断与外界环境发展物质、能量和信息的交换，发生时序演化。通常复杂系统经过不断的调节、适应、自组织作用，从混沌的无序结构向更加高级的有序结构演变，并涌现出独特的整体特性。如果系统处在均衡的静止状态，复杂系统将停滞不前，缺乏活力和动力，可见复杂系统必然处在持续动态演化中。

（二）开放性与非周期性

系统可以分为开放系统和封闭系统。但是复杂系统必然是开放系统，只有开放系统才能不断与外部环境发生物质、能量和信息的交换和交互，焕发系统新的元素及其状态，提高复杂系统的自组织能量，优化和调整其反馈机制，不断适应外部环境的变化，实现复杂系统与外部环境的和谐与统一，进而达到复杂系统从简单到复杂、从低级到高级、从无序到有序的变迁与演化。事实也充分证明越是开放的复杂系统，其活力越强，适应能力越佳，系统运行状态越良好。

复杂系统在运行过程中，一般遵循循序渐进、不断上升的发展进程，没有普遍的规律性和秩序性，一般不出现周期性规律。这是因为复杂系统受到外部环境的影响，而在实践中外部环境通常是不可逆的，不会出现周期性变化，不会重复原来的发展路径和运行轨迹，也不会回到之前经历的状态，且现实中的复杂系统多数是不断发展和不断优化的，后一阶段的状态优于前一阶段的状态。

（三）多层次与多重反馈

复杂系统的构成元素众多，这些元素之间是分层次和等级组织起来的，由小系统组成大系统，由大系统组成巨系统，形成多层次的层级网络。且复杂系统的层级网络会随着系统元素及状态的改变而演变，还会产生新的系统层级，进而涌现新的系统特性和功能，导致系统的复杂度不断提高。复杂系统的层次量是衡量系统复杂程度的重要指标，层次越多，系统复杂度越高，系统内部运行机理越抽象。

复杂系统不仅元素众多，而且元素之间的相关影响、相互关联也十分复杂，形成复杂、网络化的反馈回路，比如系统 A 元素发生变化，可能导致 B 元素和 C 元素发生变化，而 C 元素发生变化导致 D 元素发生变化，而 D 元素发生变化又反过来导致 A 元素发生变化，形成一个非线性的反馈环。经过因果关系的多重反馈循环，不但对系统本级输入产生影响，而且还对系统前几级输出产生影响。一个元素不但对系统的前几级输出产生影响，同时还对系统前几级输入产生影响。

（四）自组织与涌现性

复杂系统在系统内外两方面因素的复杂非线性相互作用下，系统内部某些要素偏离平衡和稳定状态的涨落可能会被放大，从而在系统中产生更大范围的更强烈的长程相关，出现系统"涨落"现象，使得系统内部根据其内在机理和机制自发组织起来，推动系统从无序到有序、从低级到高级、从低层级向高层级发展和演化。自组织是复杂系统自身适应环境变化和发展壮大的内在机理和内在机制，在此机理和机制的驱动及作用下，促使系统自发地发展和优化。比如生物界中的自然选择和优胜劣汰，物理学中的贝纳德水花，化学中的贝洛索夫 - 扎博廷斯基生物钟都是复杂系统自组织驱动的结果。

涌现性是复杂系统的重要特征，是系统的非还原性或非叠加性，是复杂系统内部各组成要素之间在外部环境和内在机理的共同作用下，相互影响、相互关联、相互作用、相互制约而激发出来的，属于系统新的特性和功能，是复杂系统整体大于局部之和的主要来源和依据。涌现性也是复杂系统科学研究的主要对象，本质上讲复杂系统科学就是一门研究系统涌现性的学科。

(五) 积累效应与奇怪吸引性

复杂系统是一个随时间动态演变的时序系统，系统运行过程中，某些元素的状态发生微小变化，在系统内部机理的作用下触发其他元素的状态变化，这些变化会不断积累和放大，最终导致系统状态和系统行为发生巨大的改变，这就是复杂系统的积累效应，或称为"蝴蝶效应"。复杂系统的积累效应有时会增加系统运行的不确定性和风险性，这种不确定性和风险性的大小与复杂系统的敏感性强弱有关，敏感性越强的复杂系统，这种不确定性和风险性就越显著。

复杂系统运行过程中，随着时间的推移，可能会形成奇怪吸引子，也就是随着复杂系统随时序演化后会逐渐收敛于某一区域的一系列点集。简单来讲，吸引子是复杂系统在不受外界干扰的情况下，其自身会在其自组织和内在机理的作用下趋近于一种相对稳定的行为状态，而这种稳定的行为状态是相对的，不是绝对的。首先复杂系统不是收敛于一个点，而是一系列的点集，属于一种相对平衡和稳定的状态；其次复杂系统处于相对稳定的行为状态时，只要受到微小的外界干扰或系统内部某些元素发生微小的变化，复杂系统的行为状态可能重新转化为波动和不稳定的运行轨道。

第三节　熵与耗散结构理论

一、熵理论简介

熵是物理学概念，其产生与能量的转换密切相关，也跟人类认识自然和世界有关。热力学第一定律（也称能量守恒定律）表明物质都含有不同形式且可以相互转化的能量，而转化的形式可以是能量形式的变化，也可以是能量载体的转移，但无论属于哪种形式的能量转化，能量的总量是保持不变的。由于能量守恒定律的存在，许多学者曾梦想设计出一种能够从单一热源吸收热量并使之做功的机械，如果这种机械能够设计出来，那么通过浩瀚的海洋吸收热量就能转化为动能，从而推动发电机持续运转，于是人类就能获取源源不断的电力，这就是"永动机械"的概念。然而，令人遗憾的是这种永动机械至今仍未问世，究其原因，人们发现它违背了热力学第二定律。假设存在一种热机，它能够从高温热源吸收热量并转化为功，这过程结束时热机可以回到初始的工作状态，显然这是符合热力学第一定律的，如果这样永动机械就可能存在了。但是，大量的试验和事实表明，任何热机都不可能仅从单一热源吸收热量并不断地将其转化为功，这是因为在现实环境中，一部分热量会通过热量传导的方式转移给周围低温热源，造成热能的衰减，这就是卡诺研究发现的热力学第二定律。它表明一切与热现象有关的过程都不可能不对外界环境产生任何影响而恢复到初始状态，也就是说与热有关的过程在没有外界干预的情况下都是不可逆的过程。

在热力学第二定律的基础上，学者们提出了"熵"的概念，是用来表示物质状态的函数，用来衡量物质系统中"能"衰竭程度的物理量。克劳修斯将熵定义为在可逆循环中，热机在工作状态下吸收的热量（Q）除绝对温度（T）得到的值就称之为熵（S），即 $S = Q/T$。熵只与系统的初始状态和最终状态有关，与系统变换的路径无关。

二、熵增原理

热力学第二定律描述的是热力学过程的不可逆性，根据这一定律使得物质系统的熵在没有外界的干预或补偿的情况下只会增加，不会减少，因此热力学第二定律也被称为熵增定律，用数学式表示为 $dS = dQ/T$，其中等号成立的条件是该转化过程可逆。如果物质系统与外界环境没有热交换，即 $dQ = 0$ 时，物质系统的熵的变化总是不小于零，即 $dS \geq 0$。这说明对于不可逆过程来说熵只会增加，而对于可逆过程来说熵保持不变，这就是熵增原理。

可以通过理想气体的自由膨胀过程来解释熵增原理，假设理想气体在等温热膨胀前的体积为 V_1、压力为 P_1、温度为 T、熵为 S_1，膨胀后的体积为 $V_2(V_2 > V_1)$、压力为 $P_2(P_2 < P_1)$、熵为 S_2、温度保持不变。气体从初始状态 K_1 通过吸热膨胀后变成状态 K_2，这一过程是一个对外做功的过程。由于熵值和系统的始末状态有关，为了便于计算，先假设有一个可逆过程，使得气体从最终状态 K_2 恢复到初始状态 K_1，通过计算过程的熵变，就可以得到理想气体等温吸热膨胀过程的熵。在对可逆过程进行假设性恢复时，就是外界对系统做功，对气体在等温条件下进行压缩，此时气体会向外释放出热量，其大小为 Q，则熵的变化可以表示为

$$S_2 - S_1 = \int_{K_1}^{K_2} \frac{\mathrm{d}Q}{T} = \frac{1}{T}\int_{K_1}^{K_2} \mathrm{d}Q = \frac{Q}{T} > 0 \qquad (2-1)$$

式（2-1）说明在不可逆过程中物质系统的熵增加了。对于一个封闭的热传导过程来说，该系统与外界环境不会发生能量传递，将两个温度不同的物体相互接触，假设两个物体的温度分别为 T_1 和 T_2，且 $T_1 > T_2$。在充分小的时间间隔 Δt 里，有热量 ΔQ 从物体 T_1 传导到物体 T_2，如果在充分小的时间间隔里温度的变化忽略不计，则上述物体熵的变化分别为 $-\frac{\Delta Q}{T_1}$、$\frac{\Delta Q}{T_2}$，由于 $T_1 > T_2$，则两物体组成的系统总熵的变化 $\frac{\Delta Q}{T_2} - \frac{\Delta Q}{T_1} > 0$，说明封闭系统中不可逆过程的熵会增加。理想气体的这一过程具有一般性，可以推广到其他情况。可见，对于任意封闭物质系统中的不可逆过程熵都是增加的，只有在可逆过程中熵才有可能保持不变。

三、耗散结构理论概述

耗散结构理论是由著名物理学家伊里亚·普里戈金（Ilya Prigogine）于 20 世纪 40 年代提出的系统理论，其核心思想是一个远离平衡态的非线性的开放系统（物理的、化学的、生物的乃至社会的、经济的系统）通过不断地与外界交换物质和能量，在系统内部某个参量的变化达到一定的阈值时，通过涨落，系统可能发生突变即非平衡相变，由原来的混沌无序状态转变为一种在时间上、空间上或功能上的有序状态。这种在远离平衡的非线性

区形成的新的稳定的宏观有序结构，由于需要不断与外界交换物质或能量才能维持，因此称之为"耗散结构"。

在耗散结构理论中，认为一个复杂系统只有满足了一定的条件之后才可能属于耗散结构，主要包括以下条件。

（1）开放系统是有序的前提，开放系统是指在系统运行过程中，与外界环境进行物质、能量和信息的交换，只有开放系统才具备自我补偿和自我修复的功能，通过与外界环境进行物质、能量和信息的交换，瓦解系统的旧结构，形成进化有序的新结构和新系统。

（2）系统的非平衡状态是有序之源，在平衡状态，熵产生为零，是一种稳定的状态。而在接近平衡状态中，"涨落"虽能使系统暂时偏离，但是在热力学第二定律的作用下又将会使系统重新回到原先的状态。只有当系统远离平衡状态时，"涨落"才会被放大，进而影响整个系统，并强迫系统朝着新的有序方向演化。可见只有当系统远离平衡状态时，系统才能保持对"涨落"的敏感性，在临界点处产生突变，使系统形成新的稳定和有序结构。

（3）系统的非线性是有序的保证，系统属于线性还是非线性与系统的反馈特性有关，由负反馈和正反馈引起的系统，都属于线性系统，只有由正反馈和负反馈同时作用产生的非线性系统，由于正反馈与负反馈两者的共同作用，使得系统的运行呈现出周期性的演化状态，通常是演化为敏感依赖于内部环境的混沌状态。

（4）"涨落"实现有序，"涨落"是耗散结构的触发器，引导系统从一种状态演化为另一种状态，引导系统从无序到有序，从有序到良序的转化，普利高津研究发现"在耗散结构中，在不稳定之后出现的宏观有序是由增长最快的涨落决定的"，这种新型的有序称之为"通过涨落的有序"。

四、应急科研协同创新系统的耗散结构特征

应急科研协同创新系统是一个涉及多主体、多要素、多目标、多层次的复杂、动态、开放、非线性的复杂系统。它具备耗散结构理论的四个条件，这四个条件也成为应急科研协同创新系统的耗散结构特征。

1. 开放性特征

应急科研协同创新系统是一个跨组织、跨地理空间范围概念，随着科研创新系统的发展与变迁，科研创新资本、科研创新人才、科研创新技术、科研创新知识、科研创新平台等子系统在运作过程中，都需要不断在组织内部、组织之间进行物质、能量和信息的交换与交互，形成一个开放的复杂系统。所有的组织都具有一定程度的开放性，不同组织开放程度存在差异性和异质性，通常组织开放程度越高，组织发展的活力和动能越强，科研协同创新指数越高。应急科研协同创新系统内各组织的资源禀赋、技术能力、研发能力、创新水平、人才结构等都存在差异，形成位势，使得物质流、能量流和信息流等从低位势组织向高位势组织流动，形成负熵流，拉动应急科研协同创新系统的持续运转，推动应急科研协同创新系统从低级向高级、从无序到有序不断演化与发展，促进应急科研协同创新系统不断发展。

2. 非平衡状态特征

应急科研协同创新系统的资源与要素禀赋在组织空间分布上呈现出不均衡性，不同组织的科研创新资源、能力和水平也具有一定程度的异质性和差异性，体现出要素不均衡、多元、有序、熵值小、混沌程度低等特征。具体而言，应急科研协同创新系统在空间、时间和功能三个维度上均具备较高的有序性，呈现出远离平衡态的状态。在空间维度上，不同组织或机构的科研创新能力和水平存在区位势差，并引起竞争形成动态的流和力，在应急科研创新和攻关需求及外界环境驱动下，有规则的波动和随机扰动相叠加，从而出现新的"涨落"，促使系统远离平衡状态。在时间维度上，应急科研创新系统总是从远离平衡状态向相对平衡状态演化，再从更高层次、更高水平的远离平衡状态向新的相对平衡状态演化，应急科研协同创新系统总是处于动态的远离平衡状态，保持着时间上的高度有序，始终保持动态的演化模式。在功能维度上，应急科研协同创新系统包括感知识别能力、重构匹配能力、合作共享能力、沟通协调能力、学习应用能力和利益分配能力等功能系统，各子系统相互影响、相互制约，形成一个复杂巨系统，系统内每一个子系统的动态变迁，都会引起系统的扰动，使得应急科研协同创新系统长期处于远离平衡的状态。

3. 非线性特征

应急科研协同创新系统由相互影响、相互作用的子系统构成，每个子系统又由众多要素组成，形成复杂的立体网络关系。由此，应急科研协同创新系统中要素与要素之间的关系也是动态、复杂和非线性的，很难用简单的线性关系进行描述和表征。且系统内部各要素之间的相关影响关系，形成复杂的因果关系链和因果关系环，进而形成系统反馈机制，根据要素之间的相关影响和变化关系可以分为正反馈和负反馈，正反馈体现要素之间的同向变化趋势，要素的改善促进系统优化；而负反馈体现要素之间的反向变化趋势，要素的增长阻碍系统优化，甚至导致应急科研协同创新系统陷入恶性循环中。总之，应急科研协同创新系统的复杂性、不确定性和外界干扰性，使得系统内部各要素之间的相互影响和相互作用呈现出复杂性、不规律性和非线性。

4. "涨落"的内生驱动特征

应急科研协同创新系统远离平衡状态的特征，使得系统有从远离平衡状态向平衡状态变迁和转变的内在驱动力，形成系统的"涨落"现象。而系统的"涨落"成为驱动应急科研协同创新系统从无序向有序、从低级向高级动态演化的内生动力。在应急科研协同创新系统中，"涨落"现象普遍存在，且引起"涨落"的因素也很多，突发事件、科研资源异动、宏观政策改变、人才流动、技术革新、市场波动等都有可能引起应急科研协同创新系统出现"涨落"现象，任何一个子系统或要素的微小波动，造成其偏离平衡状态的小"涨落"，都有可能通过系统非线性的反馈机制，引起瞬时状态变量的巨大波动，进而引发应急科研协同创新系统的大"涨落"。例如，2019年底暴发的新冠疫情，作为重大突发公共卫生安全事情，严重影响和扰乱了全球经济、社会运转和人们的生活，形成巨大的"涨落"；同时疫情也催生新的模式和业态，推动社会向更高安全级别、更和谐相处的方向前进。

第四节 协同学理论

一、协同学的产生与主要概念

（一）协同学的产生

协同学又被称为"协调合作学""协和学"，是由德国斯图加特大学的科学家赫尔曼·哈肯（Hermann Haken）于20世纪70年代在多学科研究基础上逐渐形成和发展起来的一门新兴、交叉学科，是系统科学的重要分支理论。耗散结构理论强调了系统结构动态优化的必然性，哈肯以此为基础，致力于探索支配系统从无序到有序、从有序到良序发展的普遍规律，他以非线性动力学为数学工具，结合平衡相变理论、激光理论、信息理论、控制理论、复杂系统理论、动力学理论等，提出了协同学理论。协同学是一种系统理论，是一般系统理论的重要组成部分，它把所研究的对象看成是由组元、元素或子系统构成的系统，这些组元、元素或子系统通过物质、能量和信息交互与外界环境进行联系，同时系统内不同组元、元素和子系统之间相互影响、相互作用，形成统一的整体，并呈现出组元、元素或子系统所不具备的全新特质和功能。

（二）协同学的主要概念

协同学是研究系统内各子系统整体协同变化的自组织理论。其涉及以下主要概念。

（1）相变：系统从一种相转变为另一种相的过程。其中相是物质系统中物理和化学性质完全相同，与其他部分具有明显分界面的均匀部分。比如水，可以有固态、液体和气态三种状态，对应其具有固相、液相和气相三种相。系统相变发生在临界点状态，当系统状态超过临界点时，系统的相变发生突变，系统的相是影响系统有序性的重要因素，系统不同的相具有不同的有序度。

（2）序参量：系统运行中表征相变出现的参量叫序参量，用于描述系统有序化程度以及相变程度的基本参量。序参量决定了系统的无序或有序状态的程度，是对系统有序性、层级性进行量化阐释的参量。

（3）熵：原本是物理学中的概念，指热能除以温度所得的商，用于刻画或表征热量转化为功的程度。在复杂系统协同学中是指系统的混乱程度和消耗状况。

（4）涨落：复杂系统运行过程中，由于受到外部环境及内部元素相互作用和影响，其状态出现随机波动，使得系统宏观量的瞬间值偏离平衡状态而出现的波动与起伏。在物质世界里，是指物质远离热力学平衡情况下，系统的熵在一定时间内增加或减少的相对概率。

（5）自组织：复杂系统在运行过程中，由于内部作用机理，以及与外部环境进行物质、能量和信息交换过程中发生状态不断自发地发生改变，从无序到有序、从低级到高级的演化过程。

（6）混沌：原本是力学概念，是指物质确定但是不可预知的运动状态，它不同于杂乱无章的混乱，通常是物质进化的一个过程，尽管其状态变化的速度和时间未知，难以准确预测，但是其进化的方向是明确的。在复杂系统协同学理论中，也用于表述系统状态的方向性、偶然性和不可预知性。

（7）弛豫时间：在物理力学中，弛豫时间是指物质的某个变量由暂态变化并趋向于某个固态所需要的时间。在复杂系统协同学中，用于描述系统序参量变化和演化到相对稳定状态所需要的作用时间。

二、协同学的研究对象

协同学的研究对象是非平衡开放系统中各元素的自组织及其形成的有序结构。系统通常是由众多的元素或子系统构成，系统运行过程中各元素或子系统相互作用、相互影响和相互制约，形成系统从无序到有序的演化过程，而协同学所研究的正是系统从无序到有序的演化过程。系统运行中，当外界环境发生变化时，导致影响系统运行的控制参量发生变化，进而影响系统从无序到有序、从有序到新有序、从新有序到混沌的演化进程。协同学所研究的系统对象应该具备以下条件和特征。

（1）开放系统，系统在运行过程中可以与外界环境进行物质、能量和信息的交换与交互，且系统处于远离平衡的非平衡状态。

（2）自组织，也叫非平衡相变，当系统的某个状态变量的变化达到特定的阈值时，系统的状态发生变化，从原有的稳定状态自发地演化为非稳定的临界状态。

（3）有序化转变，系统运行进程中，新稳定状态的有序度会比旧稳定状态的有序度更高，由此推动系统不断从无序到有序、有序到新有序的演化与突变。

（4）临界减慢，系统运行过程中，当系统状态趋近临界点时，因为元素或子系统的涨落而出现偏离稳定状态后，其重新恢复至稳定状态所需要的时间无限增长，且系统恢复至稳定状态的速率越来越小，呈现边际递减规律。

（5）系统转变动力源，系统运行中结构状态的转变需要依赖物流、能量和信息的支撑。

三、协同学的基本思路与基本原理

协同学的基本思路是当复杂开放系统内的各个子系统处于一定环境和条件下时，它们会通过非线性的相互作用而产生关联作用和相干效应，在一定范围内，通过涨落达到一定的临界点，进而以自组织的方式使系统状态发生演化，并形成新的有序状态，新结构系统在时间、空间、性质、功能等各方面发生根本变化，新的有序产生的关键在于大量子系统的非线性相互作用和影响。

协同学理论揭示了复杂开放系统内部各子系统之间如何通过相互关联作用产生协同效应，从而使系统由无序向有序、由低级有序向高级有序、再由有序向无序转化的一般规律。协同学所研究的有序结构是通过自组织的方式形成的，同时，协同学也认为，可以采用他组织方式，从外部环境对系统自组织的序参量施加影响和作用力，通过改变控制参量来对序参量的协同竞争产生影响，进而自组织状态发生改变，促使系统达成有序或高级有序的状态。系统协同演化过程如图 2 - 2 所示。

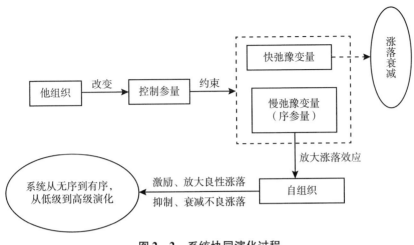

图 2 - 2　系统协同演化过程

四、协同学的研究内容

哈肯提出的协同学理论主要包括以下三个方面的内容。

（1）协同效应。协同效应是指由于协同作用而产生的结果，是指复杂开放系统中大量子系统相互作用而产生的整体效应或集体效应（《协同学引论》）。对千差万别的自然系统或社会系统而言，均存在着协同作用。协同作用是系统有序结构形成的内驱力。任何复杂系统，当在外来能量的作用下或物质的聚集态达到某种临界值时，子系统之间就会产生协同作用。这种协同作用能使系统在临界点发生质变产生协同效应，使系统从无序变为有序，从混沌中产生某种稳定结构。协同效应说明了系统自组织现象的观点。

（2）伺服原理。伺服原理用一句话来概括，即快变量服从慢变量，序参量支配子系统行为。它从系统内部稳定因素和不稳定因素间的相互作用方面描述了系统的自组织的过程。其实质在于规定了临界点上系统的简化原则——"快速衰减组态被迫跟随于缓慢增长的组态"，即系统在接近不稳定点或临界点时，系统的动力学和突现结构通常由少数几个集体变量即序参量决定，而系统其他变量的行为则由这些序参量支配或规定，正如协同学的创始人哈肯所说，序参量以"雪崩"之势席卷整个系统，掌握全局，主宰系统演化的整个过程。

（3）自组织原理，自组织是相对于他组织而言的。他组织是指组织指令和组织能力来自系统外部，而自组织则指系统在没有外部指令的条件下，其内部子系统之间能够按照某种规则自动形成一定的结构或功能，具有内在性和自生性特点。自组织原理解释了在一定的外部能量流、信息流和物质流输入的条件下，系统会通过大量子系统之间的协同作用而形成新的时间、空间或功能有序结构。

第五节　应急管理理论

一、突发事件的概念

顾名思义，突发事件是指意外发生，且其发生会给社会、环境和人们带来一定危害和损失的事件。但是对于何为突发事件，并没有统一的定义，不同国家、不同领域在不同时期都会有不同的定义。《中华人民共和国突发事件应对法》（以下简称《突发事件应对法》）将突发事件定义为：突然发生，造成或可能造成严重社会危害，需要采取应急处置措施予以应对的自然灾害、事故灾难、公共卫生事件和社会安全事件。根据突发事件发生的性质、过程及机理，可以将突发事件划分为自然灾害、事故灾害、公共卫生事件和社会安全事件。表 2 - 1 显示了突发事件的分类及典型案例。根据突发事件造成的损失、危害以及后果的严重程度和影响范围，又可以将突发事件划分为 I 级（特别重大）、II 级（重大）、III 级（较大）、IV 级（一般）四个等级。突发事件发生时，政府和相关部门通常根据其危害等级确定应急预案的启动级别、响应级别和应急措施等。

突发事件的种类繁多，但是整体上呈现出以下显著特点。

一是突发性，突发事件的发生通常具有偶然性和突发性，缺少规律性，也难以准确预知，比如火灾、地震和传染病疫情，都是突发发生的。

二是严重性，突发事件发生后，会对个体和社会产生巨大的破坏作用，造成严重的损失，这些损失包括直接损失和间接损失，其中直接损失包括财产损失、人员伤亡、设施损坏等，间接损失包括心理创伤、心理阴影、负面情绪等。

三是不确定性，突发事件发生后，其发展态势、影响范围和影响期限通常难以准确预测，并且可能诱发次生灾害事件。

四是社会性，突发事件的影响不是针对个体或微观组织，通常是整个社会或区域社会，且突发事件发生后，对经济、社会、政治、文化等都会产生影响。

表 2 - 1　　　　　　　　突发事件分类及典型案例

类型	主要内容	典型案例
自然灾害	地震地质灾害、气象水文灾害、生物灾害、生态环境灾害等	汶川大地震、莫兰迪台风
事故灾害	生产安全事故、交通运输事故、环境污染等	火灾、煤矿瓦斯爆炸事故
公共卫生事件	传染病疫情、群体性不明原因疾病、食品安全和职业危害、动物疫情以及其他严重影响公众健康和生命安全事件等	SARS、新冠疫情
社会安全事件	恐怖袭击事件、冲突、暴动、战争等	恐怖活动

从突发事件的生命周期的角度看，突发事件可以划分为酝酿期、爆发期、缓解期和衰退期四个阶段，对应突发事件的事前、事发、事中和事后四个时期。突发事件的不同时期有不同的管理任务，酝酿期的主要管理任务是预防与应急准备，通过建立应急预案体系、开展应急培训和教育、储备应急物资等预备措施降低突发事件发生的可能性，以及增强突发事件发生后的应对与处置能力。爆发期的主要管理任务是检测与预警，采取恰当措施及时控制突发事件，防止突发事件的扩散与蔓延，将突发事件的影响控制在有限范围内。缓解期的主要管理任务是应急处置与救援，通过应急处置和防控措施最大限度地降低突发事件造成的负面影响和损失。衰退期的主要管理任务是事后恢复、重建和总结，尽快恢复社会秩序和正常运转，人们生活回归正常状态，企业生产顺利进行，对突发事件发生的原因进行调查，并对突发事件的防控与处置工作进行总结。

二、应急管理的概念

应急管理是伴随着突发事件的发生而逐渐引起重视和关注的，其概念界定主要从学科层面和行为层面进行。在学科层面，将应急管理界定为一门危机应对与处置的科学。如德拉贝克·托马斯（Drabek Thomas E，1988）认为应急管理是一种学科与职业，应用科学技术、规划与管理等手段应对极端突发事件。在行为层面，从应急管理主体、资源、流程、目标、理念等行为要素出发对应急管理进行阐释和理解。例如，威廉·沃（William Waugh，2003）认为应急管理是使社会能够承受环境与技术风险，以应对环境和技术风险所导致的灾害为目的的行为及规范。刘霞等（2011）从广义和狭义两个层面对应急管理的概念进行界定，认为广义的应急管理是为了应对突发公共事件，政府和各级部门在突发事件的减缓、准备、响应及恢复四个阶段中，根据其特征和需求，调动和配置各种物资、资金、人力、信息和制度等资源，进行全主体、全威胁要素和全过程的全方位动态管理活动；而狭义的应急管理是在突发公共事件的应急响应阶段，对所需的资源实施以追求效率、效果、效益、公平为目标的动态管理活动。钟开斌（2021）运用"结构—时间"分析方法从国家构建应急管理体系的视角总结和概括了应急管理概念的演变与发展，认为应急管理经历了从应对到预案，再到治理的演变过程，体现了应急管理的结构化、体系化和常规化，说明应急管理的理论和实践都得到不断地提升和发展。

为了清晰、准确地界定应急管理的概念，应该明确以下三个问题。

一是要明确应急管理的基本定位，即将其定位为一门学科还是一种行为。而这种定位不应该是绝对的、排他性的，定位的差异源于研究的视角以及服务的话语体系。也就是说，应急管理究竟应该界定为"学科"还是"行为"，要以服务该研究的话语体系为准绳，本书的研究以提升应急科研协同为对象，从词性适配的角度看，更适合将应急管理视为一种"行为"。

二是要明确应急管理概念的本土性问题，即应急管理概念涉及的理念、资源、要素和流程等要符合我国突发事件的具体情境和既有规则与语言环境，要与《中华人民共和国突发事件应对法》和"一案三制"体系相适应。

三是要明确概念包含的内容与要素，应急管理的内容要包括主体、目标、流程和资源等核心内容和要素，这样界定的应急管理才是比较完整的。

据此，本书将应急管理定义为国家、地方政府和社会为应对和处置可能发生或已经发生的突发事件，保障国家、社会和公民的合法权益，在突发事件的预防与应急准备、检测与预警、应急处置与救援、事后恢复与重建中所采取的行为和措施。

三、应急管理的基本原则

（一）预防为主，节点前移

突发事件的应急管理，越早启动应急预案，越早对突发事件进行干预，突发事件扩散和影响的范围就越小，突发事件造成的破坏和损失也就越小，因此突发事件的应急管理应该以预防为主，将应急管理的时间节点前置和前移。首先，相关部门要及时收集突发事件的信息，对突发事件进行预警和预测，当发生突发事件的苗头时第一时间启动应急管理措施，达到快速响应的目的。其次，要制定突发事件的应急预案，将应急管理所需要的人员、物资、设施和设备等资源准备到位，随时准备待命状态。最后，要加强突发事件情境下应急管理的普及与教育工作，增强社会公众的应急处置意识和常识。

（二）信息先行，快速响应

在突发事件情境下，要加强信息的收集、处理、传递与发布工作，通过权威、科学的信息渠道引导社会公众科学、合理、有序地开展、引导和配合应急管理的各项工作，避免信息的混乱性和误导性。尤其是在当前自媒体时代，信息来源多元化、快速化，信息的真伪难辨，错误的或不恰当的信息可能会造成社会恐慌，对应急管理造成负面影响和伤害。为此，相关政府部门有必要开通官方权威信息的发布渠道和通道，让社会公众能够及时、全面地了解突发事件的真实情况，并引导社会公众在突发事件情境下正确、合理地做好自己的处置与管理工作。同时，也可以通过正规的渠道发布稀缺物资信息，整合社会资源，为应急管理提供资源保障。

（三）社会参与，协同运作

面对突发事件应急管理的紧急性，为了提升应急管理的效果和效率，需要全社会的共同参与，积极配合，大家齐心协力，各司其职，才能发挥应急管理的"协同效应"。首先，要快速成立应急管理指挥部，所有的行为听从应急管理指挥部的统一指挥，避免出现多头领导的混乱局面。其次，各级政府部门要在应急管理指挥部的统一领导下，进行人员、物资、设备和设施的筹集工作，动员全社会力量积极参与到应急管理实践中。最后，社会公众要服从大局，自觉遵守应急管理的相关规章制度和行为规范，自觉配合相关部门的应急管理措施，共同为应急管理提供良好、有序的社会环境。

（四）分类管理，分级负责

当突发事件发生时，相关部门要对突发事件的性质、严重程度、应急管理预案等进行科学研判，对其进行分级，并制定相对应的应急管理措施与策略，并随着突发事件的演变，对其进行动态管理，如果事态升级或事态缓和，其分级也随之调整，采取的应急管理措施和方案也对应调整。应急管理方案的落实要从国家、省市，到县区、乡镇（街道）、再到村委会（居委会），层层落实到位，集体决策，专人负责。对负责人的应急管理成效进行考核，对应急管理不力的负责人实行问责制。

（五）依靠科学，科研助力

应急管理工作要重视科学，尊重科学，牢固树立向科学要方案、要方法的科学思想和科学思维。一是要科学制定应急管理方案，当突发事件发生时，要将该领域的专业人士吸纳到应急管理指挥体系中，听取专业权威人士的意见和建议，充分发挥专业人士的知识和智慧，用科学的方法和态度对待突发事件。二是必要时紧急启动应急科研创新和攻关项目，为应急科研创新和攻关提供充足的资金、人才、数据和信息资源，快速响应和精准研发应急管理所需要的技术、设备和工具，为应急管理提供科学的方案、方法和工具。三是要广泛吸纳国内外的先进科研成果，加快科研成果转化，特事特办，减少相关科研成果使用的手续和流程，为科研成果运用到应急管理实践中创造条件。

四、应急管理过程与体系

根据突发事件发展演化的四个阶段，分别对应应急管理的四个阶段，酝酿期对应应急预防，爆发期对应应急准备，缓解期对应应急响应，衰退期对应应急恢复。应急管理要对突发事件的全过程进行针对性的管理，突发事件的不同阶段，应急管理的目标不同，工作内容和任务也存在较大差异性，应该根据每个阶段的特点，进行相应的、有针对性的管理。以往很多情况下，应急管理重视突发事件发生后的应对、防控与救援上，属于事后控制；但是有效的应急管理应该是花更多的时间和精力在突发事件发生前的预防与准备上，进行事前控制。大量的理论和实践证明有效的事前控制和管理可以预防大部分的突发事件发生或大幅降低突发事件发生的等级，降低突发事件的风险和损失。应急管理四个阶段的含义和主要任务如表2-2所示。

表2-2　　　　　　　　　应急管理分阶段任务

阶段	含义	主要任务
应急预防	突发事件发生前采取预防措施，防止突发事件发生或降低突发事件等级	确定各种突发事件的预警指标值，进行风险描述和分析，对各种危险源进行归类管理，进行突发事件的监测监控
应急准备	突发事件发生前为进行应急管理做的各种准备与预备工作	开展应急演练，加强应急队伍建设，应急预案管理，应急资金与资源投入，应急设施与设备检查、维护与管理
应急响应	启动应急管理程序，开展应急防控、处置与救援等应急管理工作	研判突发事件的等级，制定应急管理方案和措施，执行应急管理方案和措施，启动应急科研创新与攻关项目，进行应急物资的协调与调配
应急恢复	突发事件发生后，尽力使社会、企业和民众的生产和生活恢复到正常状态	应急设施与设备清理，应急过程评估，应急预案复查，民众心理建设与信心恢复

应急管理四个阶段的任务和工作内容各不相同，但是这四个阶段并不

是孤立的，而是紧密衔接，相互影响和相互促进的，四个阶段的关系如图 2-3 所示。在突发事件的应急管理中，通过这四个阶段的科学管理和协调配合，将突发事件的负面影响和风险损失降低到最低程度，确保应急管理目标的实现。

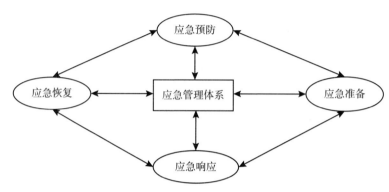

图 2-3　应急管理体系的关系

第三章　应急科研协同创新系统与模式

第一节　应急科研协同创新系统框架

一、分析框架

应急科研协同创新系统兼具突发事件情境下的应急管理与科研创新的双重属性，由此决定了应急科研协同创新系统要完成快速响应与精准研发的双重任务，其中快速响应对应的是应急科研协同创新系统的应急管理属性，精准研发对应的是应急科研创新系统的科研创新属性。为了适应应急科研协同创新系统的双重属性和双重目标，需要采用多元协同的应急科研协同创新系统，协同推进应急科研创新与攻关任务，以达成快速响应和精准研发的双重目标。由此，构建如图 3 - 1 所示的应急科研协同创新系统分析框架。

（一）双重属性

应急科研协同创新属于科研创新的范畴，具备科研创新周期性、风险性和探索性等特征和规律。周期性是指科研创新项目有其自身的生命周期和经历的阶段，通常要经历组建科研团队、科研项目立项、科研项目启动、科研项目实施、科研项目取得突破、科研项目成果产出、科研项目结项等流程。风险性是指科研创新项目启动后，会受到内外部众多主客观因素的影响，能否取得预期效果和目标存在不确定性，可能达成预期目标，如期完成科研创新任务，也可能无法达成预期目标，科研创新成果产出延迟或者科研创新项目失败，导致科研项目终止，出现科研创新风险。探索性是科研创新项目的本质特征，科研创新项目就是要探索自然和社会发展中的未知知识、技术和规律，为人类社会的生存与发展服务，正是由于科研创新的探索性，使其是否能够取得预期效果和目标存在很大的不确定性和高风险性。同时，应急科研协同创新是在突发事件的场景和情境下产生的科研创新需求，突发事件的爆发具有偶然性、紧迫性、蔓延性等特点，在此情境下产生的应急科研创新需求是为突发事件的防控与处置提供科学方案、科学方法和科学依据，因此要求应急科研创新能够快速启动和快速取得科研创新成果，并将科研创新成果进行转化，应用到突发事件的防控与处置中，才能为突发事件防控和处置提供更大助力，这就是应急科研协同创新的应急管理特征，集中体现在紧急性、时效性和针对性三个方面。

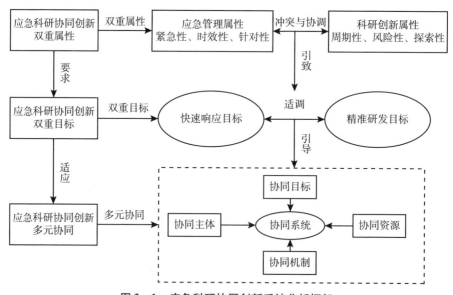

图3-1　应急科研协同创新系统分析框架

（二）双重目标

由应急科研协同创新的应急管理与科研创新"双重属性"，引发应急科研协同创新的"双重目标"：快速响应和精准研发目标。应急科研协同创新系统的应急管理属性，要求应急科研协同创新系统应该在突发事件爆发后进行快速响应，快速启动应急科研创新和攻关项目，快速推进应急科研创新和攻关进度，快速产出应急科研创新和攻关成果，快速将成果进行转化，快速推进科研产品的审批手续，快速将科研产品应用到突发事件的防控与处置中。应急科研协同创新系统的科研创新属性，要求应急科研协同创新系统应该准确定位突发事件防控与处置的现实需求及科研主体的科研优势和专长，精准锚定科研创新领域、方向，提升应急科研协同创新项目与突发事件之间的匹配性和对应性，以及科研主体的科研能力和科研优势与应急科研协同创新项目之间的一致性。

然而，应急科研协同创新快速响应与精准研发的目标导向在一定程度上存在冲突与背离，需进行协调与对接调适。具体而言，快速性与准确性是系统控制理论中的两类性能指标，快速性是指系统能否快速跟随给定值给出期望的响应值，准确性则指系统面向期望值能否精确地跟随输出，实现快速性与准确性指标的平衡是自动控制系统效能提升的重要条件。在应急科研协同创新实施过程中，如何实现快速响应和精准研发的调适与统一是提升应急科研协同创新绩效、保障应急管理效能的关键所在。一是应急科研协同创新具有"应急管理"与"科研创新"双重属性，应急管理属性的时效性、动态性、应用性要求与科研创新属性的周期性、风险性、探索性要求之间存在冲突与协调的关系。二是快速响应和精准研发双重目标分别起源于应急科研协同创新的"应急管理"与"科研创新"双重属性的要求，应急科研协同创新的应急管理属性与科研创新属性之间的冲突与协调引致了应急科研协同创新的快速响应目标与精准研发目标之间的调适。三是应急科研协同创新双重目标的调适与应急科研协同创新的多元协同之间形成引导与反馈的闭环关联，在快速响应和精准研发双重目标的指引下应急科研协同创新多元协同助推科研创新和攻关项目目标的实现。

（三）多元协同

应急科研协同创新"双重目标"的实现并非易事，这是因为科研创新本身的风险性和不确定性，以及快速响应与精准研发双重目标之间的冲突性与背离性，那如何解决快速响应与精准研发之间的冲突与背离呢？多元主体协同开展应急科研创新和攻关项目，是适调快速响应与精准研发之间的冲突与背离，提高应急科研协同创新目标达成程度的重要途径和抓手。

一是多元协同能够聚集各科研主体的异质资源和要素，尤其是资金、科研人才、技术储备、设施与设备、数据和信息等，为应急科研协同创新提供充分的资源与要素条件，有利于应急科研协同创新项目的快速推进，助力快速响应目标的达成。

二是多元主体协同开展应急科研创新和攻关活动，可以汇集集体智慧，从多维视角审视和把控应急科研创新及攻关项目的着力点与研发方向，提高应急科研创新和攻关项目与突发事件的匹配性和对应性，提升应急科研创新和攻关项目成功的概率，有助于精准研发目标的实现。

三是多元主体协同创新可以降低应急科研创新的风险和不确定性，一方面当应急科研创新出现风险和不确定时，多个科研主体可以分摊风险造成的损失，使其应急科研创新风险的损失处于可承受范围之内，解决应急科研主体的后顾之忧，加快了应急科研主体参与的决策速度；另一方面多元主体协同创新可以为应急科研协同创新和攻关提供更充足的资源和要素、更和谐的科研创新环境和条件、更到位的后勤保障和服务体系，大大降低了应急科研协同创新项目的风险。

当然，应急科研创新的多元协同并非一无坏处，多元主体之间是否能构建有效的协同机制，实现"1＋1＞2"的"协同效应"？协同创新过程中是否建立起良好的交流与沟通渠道，确保交流和沟通的顺畅与高效？是否签订成本分担和利益分享的契约，激励各应急科研创新主体积极、主动地参与到应急科研协同创新和攻关活动中？这些问题如果处理不当，都将影响应急科研协同创新和攻关的效果，甚至阻碍应急科研协同创新和攻关项目的进展。因此，在开展应急科研协同创新和攻关实践中，要关注和重视以上问题，构建有效的多元主体协同机制，建立良好、高效的交流与沟通渠道，签订科学、公平和富有激励性的成本分担和利益分享契约等。

二、理论支撑

应急科研协同关系在创新实践发展中，尤其是以集群式创新合作为代表的多元应急科研主体参与的应急科研协同创新活动中，正不断凸显由合作产生的创新结构，突出表现为一种支持并产生创新开放系统，应急科研创新主体在创新实践中实现分工、关联和应急科研创新的有机结合，是实现多元主体科研创新水平和创新能力提升的有效途径。随着经济全球化和社会环境的复杂与动态演化，突发事件频繁发生，应急科研活动也随之频繁产生，并逐渐呈现出由封闭式的独立创新向开放式协同创新演进的趋势，而其中的应急科研协同关系也表现出协同发展的特征。应急科研协同创新系统并不是随机和偶然发生的，也并非受限于特定的应急科研主体类型，其协同演化趋势的必然性和可行性可从物理学、生态学和管理学等理论视角进行分析和阐释。

（一）物理学支撑

应急科研协同创新的物理学理论支撑主要有耗散结构理论、向心力与离心力理论。本书将从这两个方面的作用机制进行阐释。

1. 耗散结构理论支撑

耗散结构理论是在热力学原理基础上提出的，强调对一个远离平衡状态的开放系统而言，其通过与外界进行物质、能量和信息的交换，在外界条件达到一定阈值时，可从原先无序状态转变为有序状态。

在应急科研协同创新中，应急科研协同关系的确立虽存在一定的界限，但其与现有应急科研协同关系主体之外的其他科研主体之间的交互中体现了开放性创新特征，而内部应急科研协同主体间的关系也非线性，共同奠定了应急科研协同耗散结构的形成基础。但由于平衡系统代表着应急科研创新缺乏张力和活力，换句话说，应急科研创新在远离平衡态时才能促使创新活动在面向突发需求和竞争环境的动态变化中保持活力，面向应急科研需求和市场机会的创新合作和交互开展协同创新与攻关活动，使应急科研协同关系在不断打破平衡和达成平衡状态之中实现动态性平衡。

在应急科研协同创新的动态平衡中，当应急科研协同系统偏离平衡状态，出现涨落状态时，随机驱动各应急科研主体在协同创新中获取信息、能力而产生非平衡状态；当涨落不影响应急科研协同关系结构的稳定时，应急科研协同关系和创新能力表现出来的频繁变化和起伏即为微涨落。应急科研协同创新在微涨落的驱使下，从无序转向有序，从而形成自组织。在实现自组织转变中，熵的增量为负值，而由于应急科研协同系统内部发展过程引起了熵的增加，因此应急科研协同主体在与外界进行资源交换和信息交流时产生了负熵流。显然，应急科研协同创新系统只有面向应急科研创新需求开展协同创新活动，在协同管理机制和协同创新动态过程的保障下，减少分布式创新而产生的应急科研主体创新活动的混乱程度，才能实现应急科研创新的可持续发展和应急科研协同结构及协同模式的不断改进和优化。

2. 向心力与离心力理论支撑

在应急科研协同创新实践中，应急科研协同及其创新集群的形成依赖于集聚力，即向心力的作用，其向心力来源主要包括应急市场需求、协同创新环境、资源互补条件、知识溢出效应、政策支持力度等。与之相对，应急科研协同中的各排斥因素和集群外部的市场机会则可形成离心力作用，影响离心力的因素主要包括协同竞争环境、创新认知差异、机会成本以及协同资源的分布性等。由于物体在做曲线运动时所需的向心力大小为 $F_{向} = mw^2r$，从应急科研协同形成的创新集群来看，m（物体质量）可视为应急科研协同主体的综合规模与实力，其与向心力成正比，即应急科研协同主体综合规模与实力越大，加入集群进行应急科研协同所产生的吸引力也越大；r（物体的运动半径）可类比为应急科研协同主体距离集群中心的距离，其与向心力成正比，距离集群越远，其与集群内应急科研协同主体开展应急科研协同的代价越大；w（角速度）可视为应急科研协同主体科研创新能力，同综合规模与实力一样，科研创新能力越强意味着应急科研协同主体进入集群并实现协同创新也将产生更大的吸引力。

应急科研协同关系在向心力和离心力的交互作用下形成了"萌生—形成—成熟发展—演化"阶段性特征，具体表现为：萌生阶段，应急科研协同成员数量少且范围有限，协同产生的向心力也较为有限；当从萌生阶段向形成阶段过渡时，反映了应急科研协同外部效应的增强以及协同创新环境的逐渐成熟，使向心力不断增强，使相关应急科研主体向创新集群靠近并开展协同创新活动；随着应急科研协同创新集群的形成与发展，依赖于逐步稳定的协同规模与协同关系，丰富的协同创新活动得以在各科研主体之间开展，协同创新规模与实力稳步提升，向心力与离心力此时达到平衡，进入到成熟阶段。而在应急科研协同关系的进一步演化中，当市场需求和竞争环境发生变化时，创新集群若能捕获机遇，则向心力进一步得到增强，协同创新主体与资源亦得到补充，而如果缺少持续创新动力和有效协同机制，离心力会引导应急科研主体逐步脱离集群而谋求自身新的发展，导致协同创新集群逐渐减弱，直至消亡。

（二）生态学支撑

应急科研协同创新系统的生态学理论支撑是将应急科研协同创新系统看作生态系统，并分别从生态系统结构和协同进化层面进行刻画和阐述。

1. 生态系统结构理论支撑

生态系统是一个动态系统，由组成物种的种群、具有一定结构的群落等生物物种成分和非生物成分，通过物质循环和能量流动的相互作用、相互依存而构成的一个有机整体。应急科研协同在创新活动日趋多元化、复杂化和动态化的发展中，其主体构成主要涵盖了企业、高等院校、科研机构、政府和创新服务机构等多元组织。科研主体以应急科研协同创新和攻关为目标形成创新集群，并在科研主体之间的交互协同，以及经济环境、社会文化环境、政治环境和自然环境等综合作用下形成了应急科研协同创新系统。在应急科研协同创新实践中，各应急科研主体会针对自身信息资源、专业领域以及创新能力优势进行应急科研协同创新定位，即应急科研协同创新系统中的生态位，从而明确应急科研协同创新目标，避免应急科研协同创新系统内部的直接竞争。显然，与生态系统相似，应急科研协同创新系统具有个体、群落与环境的交互特征，应急科研主体之间也具有动态平衡、互利共生与协同进化特征。

同时，应急科研主体还在类似新陈代谢的过程中体现应急科研创新的协同关系，表现为应急科研主体在创新资源共建共享基础上，充分利用创新资源并转化为协同创新能力，即实现了吸收能量的同化作用；而在应急科研主体通过知识创新协同和技术创新协同完成创新成果的产出、转化和推广时，则实现了能量释放的异化作用。此外，应急科研协同主体之间面对同一创新环境，还存在类似生态系统中的相互依存与制约现象，其是协同创新关系形成的条件和维系的客观保障。

2. 协同进化理论支撑

个体物种在适应复杂环境选择压力的过程中存在着进化规律，物种的进化不仅改变着同一环境下其余物种的选择压力并引起适应性变化，同时也会反过来促使相关物种的进一步改变，以更好地适应外在环境的变化，从而形成了生态系统中的协同进化规律。

在应急科研协同创新系统中，应急科研主体的创新发展必然导致整个应急科研协同创新环境发生变化。同样以创新集群为例，企业的创新成果及其面向市场的应用，会引起其他具有专业领域关联性和地理位置邻近性的同业企业作出适应性转变；高等院校和科研机构则可以将创新成果投入教学活动和持续的科学研究之中，在对创新知识进行加工整理和深入挖掘基础上实现理论突破和创新，并反过来促进企业完成技术的升级；而政府和科研中介服务机构则也开始适应新技术和新成果带来的创新环境变化，通过制定和出台扶持政策与成果应用推广方案等，使得应急科研协同创新集群环境发生质变，并作用于新一轮的应急科研创新活动之中，即实现了应急科研协同创新集群的协同进化。

（三）管理学支撑

应急科研协同创新系统的管理学支撑可从利益相关与利益分配，以及交易成本与风险控制方面进行揭示。

1. 利益相关与利益分配理论支撑

应急科研协同创新所带来的利益最直接的表现形式就是创新活动所产

生的利润，而应急科研协同过程中的交互共享则带来了协同价值，即实现了 "1 + 1 > 2" 的协同效应，这是应急科研协同创新系统的重要驱动力。应急科研协同尤其是创新集群的组织形式能够形成协同创新机制，创造集群创新优势，更好地实现协同创新利益的获取。其中，各应急科研创新主体均为应急科研协同创新的利益相关者，协同创新机制推动着创新集群协同发展，产生的协同效应则包含资源合理分配和共享利用带来的经济利益，以及集群效益和突发事件防控与处置提升带来的社会效用两方面。

然而，应急科研协同创新系统还需要合理的利益分配方式作为应急科研协同创新的机制保障，让参与应急科研协同创新的各主体都可以共享利益和成果。在应急科研协同创新实践中，应急科研主体之间的资源协同共享与协同创新活动是各主体在利益最大化目标下的动态学习博弈结果，创新主体知识转化能力、创新协作能力以及科研协同分工配合程度等都对创新利益得失产生影响。而为了实现科研主体之间围绕协同创新利益的合理分配，可依据科研主体在协同创新中的投入程度、贡献程度、承担风险等方面进行分配方案的制定，保障各应急科研协同创新主体的切身利益，确保利益分配的科学性、合理性和激励性。

2. 交易成本与风险控制理论支撑

在应急科研协同创新系统中，应急科研协同关系显著提升了资源配置效率，并在相关管理机构的引导与扶持下，以及应急科研协同创新运行机制的保障下，实现了交易成本的降低。具体而言，政府部门的政策指引和监管，能够从宏观视角对应急科研协同各方权益进行调控，探寻提升科研主体利益的协同方式，以及降低谈判与履约成本等交易成本的途径；科研中介服务机构则可依据应急科研协同创新任务和创新需求，连接合适的协同创新对象，统筹创新资源的配置，为应急科研协同关系的灵活性构建提供了保障。

除了对交易成本的控制外，应急科研协同创新关系还可实现对应急科研创新风险的调控。应急科研创新活动中的风险，即创新活动的不确定性，可利用实际值与预期值的偏离程度来衡量，具体包括政策风险、市场风险和信用风险等系统风险，以及财务风险、管理风险和技术风险等非系统风险。面对应急科研协同创新中的风险，协同创新能够协同发挥科研主体创新资源与能力的优势，实现创新任务的合理分配，从而实现创新风险的分摊和控制。风险分摊的主体可包括所有应急科研协同创新的参与者，即企业、高等院校、科研机构、科研中介服务机构等科研主体在信息资源的集成利用中，共同分摊创新活动的成本和风险；而政府和科研中介服务机构也能够为应急科研协同创新提供政策支撑与市场引导，进而有效规避政策和市场风险；同时，应急科研协同创新也可以借助管理机构的监督和协同机制的约束，降低管理风险和信用风险。

第二节　应急科研协同创新系统模型

一、系统模型

系统论的思想最早起源于美籍奥地利生物学家路德维希·冯·贝塔朗菲（Ludwig Von Bertalanffy），认为任何一个系统都是由各要素构成的有机整体，系统内部的各要素之间彼此相互联系、相互作用，从而提升系统整体的功能。同时，系统内部各要素之间又相互作用形成一定的关联关系，要素之间的相互联系、相互作用和相互影响，推动系统的发展与演化。系统论最早用于描述的是生物学领域的生态系统，它认为自然界是一个循环的动态演化系统，是人、事物、资源与环境进行能量交换的过程。生态系统能够解释系统内部的要素构成，以及各要素之间的相互作用关系，且重视和强调环境在生态系统中的作用。从静态视角看，生态系统作为一个整体，是由其内部不同要素结构构成的有机体，各要素发挥其各自的作用功能。从动态视角来看，遵循生命周期理论，生态系统及其要素结构之间，在环境的影响与交互下通过一定的动态演化路径，不断循环发展，推动生态系统从低级向高级进化。随着社会的发展，专家学者们发现生态系统的理论也适应经济社会领域的系统研究，使得系统理论的应用范畴和领域越来越广，对现代自然科学和人文社会科学的发展起到重要的促进作用。

　　应急科研协同创新是一个系统目标明确、与环境开放交流、层级结构复杂、动态演化的非线性系统。系统内各要素相互联系、相互作用、相互影响，共同推动应急科研协同创新和攻关任务，发挥系统的整体功能。为了更好地实现应急科研协同创新系统"1+1>2"的"协同效应"，推进应急科研协同创新系统的良性循环发展，需要系统内各主体充分发挥主人翁的责任感和使命感，在整合和共享各自优势资源的基础上，通过构建科学、合理、规范的运行机制，发挥应急科研协同创新系统的黏合作用和协同效应。在对应急科研协同创新系统进行结构和要素进行分析的基础上，对系统各要素及构成的不同协同模式、过程阶段、层次安排进行分析，以阐释应急科研协同创新系统从无序状态到有序状态的内在规律和演进机理，为应急科研协同创新系统的构建，提供理论研究和实践探索的基础。

　　运用系统理论对应急科研协同创新系统的构成要素进行分析，揭示应急科研协同创新系统中主体、客体以及环境等要素之间复杂的作用关系，可以得到如图3-2所示的应急科研协同创新系统模型。由图可知，应急科研协同创新系统主要由协同主体、协同任务、协同资源、协同机制、协同绩效和支撑环境等构成，其中主体是指协同主体，客体包括协同任务、协同资源、协同机制和协同绩效，环境是指支撑环境和协同创新平台。

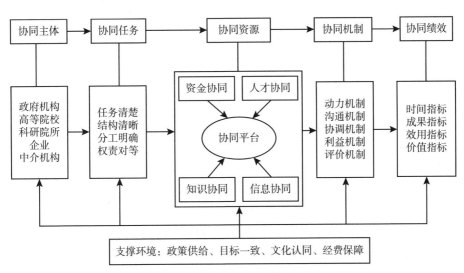

图3-2　应急科研协同创新系统模型

二、系统主体

(一) 核心主体

在应急科研协同创新系统中,核心主体主要有高等院校、科研院所和企业。

1. 高等院校

高等院校是应急科研创新系统必不可少的主体之一,尤其是研究型高等院校,既是知识传承和人才培养的重要基地,也是进行前沿学科研究及相关技术创新的重要场所。各所高等院校在长时间的知识探索和理论研究过程中,不仅积累了大量的科学知识和研究成果,而且培养输出并吸纳汇聚了大批高素质、高尖端的创新人才。这些先天优势条件是高等院校与其他创新主体协同进行知识创新、技术研发、成果转化、服务社会和培养高质量人才的坚实基础。高等院校的重大使命不仅是人才培养和科学研究,还要承担推动国家科技进步、提高国家自主创新能力,进而促进经济社会发展、提升综合国力和国际竞争力的重要责任。尤其是在突发事件情境下,高等院校应当充分利用其人才、知识和技术等方面的优势,积极参与应急科研创新和攻关活动,为突发事件的防控与处置提供科学方案和科学方法,为应急管理和治理贡献高等院校的力量。

因此,高等院校应充分发挥其专业学科门类多、知识体系完善及高素质人才储备量大的独特优势,积极同科研院所和企业等创新主体进行深度合作。一是人才培养输出方面,树立现代化的人才培养理念,主动与其他创新主体协同开展人才培养,探索符合新时代发展要求的创新人才培养模式,为社会输出更多合格人才。二是应急科研方面,以高等院校优势学科和特色专业为依托,主动与其他创新主体深入开展合作,组建优势资源互补、结构合理的科研团队,充分交流与共享科学知识和其他创新资源,不断产出突发事件情境下所急需的应急科研创新成果,并提供高水平的创新人才到其他组织机构及产业行业中,持续促进国家科技创新能力和在国际上的核心竞争力。三是服务社会方面，通过与地方政府合作，进行相关行业产业及区域规划专项项目研究攻关，推动战略性新兴产业发展和传统产业转型升级，为促进地方经济发展、提高区域竞争力提供智力支持。四是创新环境方面，高等院校"真理至上、淡泊名利、兼容并包"的学术氛围对全社会培育鼓励创新、协同共赢的良好风气有着重要的借鉴意义，从而在全社会形成更多的不同领域、不同行业、不同文化背景、不同价值取向的多元主体主动参与应急科研协同创新的大好局面。

2. 科研院所

与高等院校不同，科研院所的独特优势在于其研究方向更偏向应用，可能与市场需求和社会需求结合更加紧密。在现代学科发展交叉融合趋势越来越明显的情况下，科研院所除应用性研究外，也开始涉足基础研究和理论创新，且很多科研院所可以招收和培养研究生。因此，很多科研院所在创新研究过程中也已经拥有了结构合理的科研团队和专业化支撑平台，理所当然成为应急科研协同创新和攻关的创新主体之一。与高等院校类似，科研院所在应急科研协同创新中同样可以在高素质人才培养、专项项目研究及服务社会经济发展等方面大有作为。且科研院所发挥其在应用研究方面的优势，与企业进行相关应急关键技术的协同攻关，对于提升企业创新能力和市场竞争能力都是很有效的方式。

3. 企业

应急科研创新的根本目的除了助力国家和社会对突发事件的防控与处置，履行社会责任之外，还要追求超额利润，而在实现利润获取的过程中，企业是核心主体。作为市场经济活动的直接参与主体，企业对应急科研创新的需求导向作用非常显著，应急科研协同创新系统必须有企业主体的参与。企业在其经营发展中追求的是经济利益最大化，受市场变化的波动影响，企业对投入大、耗时长、风险高的研发活动兴趣不太大，而更多关注的是快速实现的商业利润，这也是我国绝大部分企业创新能力长期较低的主要原因。要提高企业的创新能力不是一个容易的过程，单靠企业自身力量，短时间进行突破性的创新难度非常大。通过参与高等院校、科研院所的应急科研协同创新，借助其他创新主体的科研实力、创新资源和平台优势，不断展开广泛而深入的合作，对于企业在突发事件情境下研发应急防控与处置的技术和产品，是行之有效的方式。在应急科研协同创新的过程中，企业可从其他创新主体引入专业技术强、经营管理能力强的复合型人才，至少可在应急科研协同创新过程中得到这些高素质人才的援助，帮助企业充实应急科研创新的人才、知识、技术等资源。除此之外，企业可通过应急科研协同创新参与高校及科研机构的人才培养工作，在企业市场需求信息导向下，高校和科研院所的人才培养就更有市场针对性，在社会中就更有其用武之地。

（二）支撑主体

政府虽然不是知识创新或技术创新的直接主体，但在应急科研协同创新系统中起着非常重要的作用。政府不仅通过制定相关政策对应急科研协同创新进行资金支持和服务保障，而且对应急科研协同创新的各参与主体也是利益协调者。目前，我国市场经济体制还不够完善，政府更需要在应急科研协同创新中发挥其宏观指导、政策调节和应急科研创新引导等作用，为应急科研协同创新引领方向、保驾护航。首先，政府科学顶层设计，通过战略发展规划对应急科研协同创新围绕国家安全体系、应急管理与治理、应急科研协同创新等展开协同攻关，发挥政府的宏观指导作用。其次，政府发挥对应急科研协同创新中各异质主体的牵线搭桥和利益协调作用，提高应急科研协同创新各主体的向心力和凝聚力。最后，政府采取相关财政政策对应急科研协同创新进行资金上的资助和支持。实际上，政府的服务和保障作用不只体现在资金资助上，政府还可提供完善的信息网络基础设施和公共信息平台，有利于应急科研协同创新各主体进行开放资源的共享，降低信息获取成本，还可通过制定相关法律法规，保障应急科研协同创新各协同组织的知识产权保护、科研转化成果应用等合法权益。

用户既是创新需求的提供者，也是创新链的最终端。希佩尔和考拉特茨（Hippel & Kaulartz, 2020）将具有超强的市场敏感性和创新精神的用户称为领先用户，领先用户是高校协同创新中的重要支撑主体。应急科研协同创新对用户的需求进行分析，并设计解决方案，对于减少应急科研协创新的盲目性、提高协同创新效率作用显著。用户参与应急科研协同创新，一方面，使相关的研究创新活动更具有针对性；另一方面，还能利用用户的反馈进行技术改进和优化升级，从而持续提升科研创新产品的市场竞争力和抗风险能力。

应急科研协同创新由高等院校、科研院所和企业等基本主体构成，处于由科研中介机构和金融机构等支撑主体构成的外部环境之中，应急科研协同创新强调更多元主体的参与互动及更多资源的整合，这也是应急科研协同创新比一般产学研合作更深化和升华所在，更多元主体的紧密协作更能实现快速响应和精准研发的目的。其中，科研中介机构是应急科研协同创新的信息环境构建者。在协同创新活动中，合作伙伴的选择是一个各科研创新主体相互博弈的过程，由于各科研创新主体掌握的资源主要集中在某一方面，因此，搜集合作伙伴对每一个应急科研创新项目来说都不是一个简单和容易的过程。科研中介作为第三方服务机构，由于掌握更广泛更全面的创新主体和创新资源信息，因此，科研中介机构参与应急科研协同创新能够帮助各科研创新主体降低合作伙伴搜寻时间和沟通成本，有效提高协同创新的成功率。科研中介机构作为应急科研协同创新系统的重要组成部分，其信息传递功能的发挥是应急科研协同创新顺利实现的重要保障。科研中介机构在应急科研协同创新中应充分发挥其信息桥梁的作用，确保各种信息资源在各组织间顺畅流通，为协同创新活动的顺利进行提供辅助和支撑作用。

金融机构为应急科研协同创新提供资金保障和物质基础。在应急科研协同创新过程中，各个阶段都需要大量的资金和物质投入，如平台建设、资源整合、仪器设备选购和人才选聘等。构成应急科研协同创新活动的资金环境，除了有金融机构，还有企业、政府及民间信贷资本等其他主体。应急科研协同创新的高投入、高回报及高风险特性需要有充足的资金保障。因此，应急科研协同创新的资金保障体系应以企业研发基金为主体，通过政府财税政策引导将金融机构和民间信贷资本纳入应急科研协同创新体系之中，有效降低创新活动的资金风险，为应急科研协同创新的顺利开展营造良好的资金环境，解决应急科研协同创新主体的后顾之忧。

综上所述，应急科研协同创新的核心主体和支撑主体共同构成应急科研协同创新系统的参与主体，各参与主体在系统中分别承担不同的角色任务，如图 3 - 3 所示。应急科研协同创新系统以高等院校、科研院所及企业为核心主体，高等院校、科研院所及企业等主体依托具体应急科研合作项目建立协同关系，开展协同创新活动。系统中各核心主体的协同创新活动需要政府、科研中介服务机构及金融机构提供信息、技术及资金等方面的支撑，政府、科研中介服务机构及金融机构等支撑主体在应急科研协同创新中承担推动、引导、协调和辅助等作用。目前，政府在应急科研协同创新活动中发挥的作用较大，科研中介服务机构和金融机构等社会组织发挥的作用还不够充分。尽管各支撑主体在应急科研协同创新中的作用比较重要，但并非所有的协同创新活动都有这些支撑主体参与。

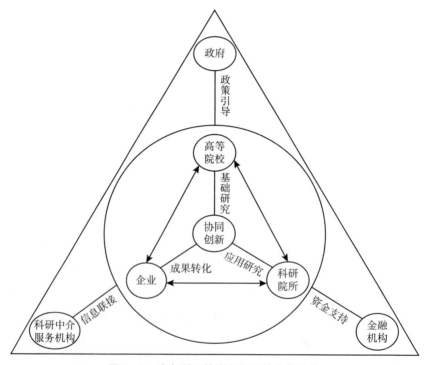

图 3 - 3　应急科研协同创新系统主体结构

三、系统客体

(一) 协同任务

突发事件情境下应急科研协同创新通常以项目形式进行组织和运行，多元协同创新主体对项目任务的理解，以及项目任务的分解和分工是科研协同创新任务有序推进的前提和条件。首先，多元协同创新主体要对应急科研创新任务进行清晰界定，明确科研创新任务的边界和研究范围，从而锁定应急科研协同创新的目标，并在所有的应急科研协同创新主体间达成共识。其次，要清楚探明应急科研协同创新任务的结构，并在此基础上对应急科研协同创新任务进行结构分解，将一个统一的应急科研协同创新任务分解成层次清晰、结构合理的子任务或子模块。再次，根据应急科研协同创新团队各主体、各小组和相关人员的优势专业和特长进行任务分工，尽量让各科研创新主体和团队成员都能够从事自己最擅长、最有把握的科研创新任务和模块，特别是对于那些关键的"卡脖子"的子任务和子模块，一定要集中优势资源和优质科研力量进行重点突破和攻关。最后，在任务分解和分工过程中，一定要重视对各应急科研协同创新主体和团队成员权利与责任的平衡与对等，在激发科研创新动力和潜能的同时，约束和规范科研创新行为和职责。

(二) 协同资源

应急科研协同创新除了需要各主体参与之外，还需投入大量的科研创新资源，这些资源包括各种物质资源和非物质资源，各种资源从各应急科研协同创新主体处不断汇聚到应急科研协同创新系统中，并得到不断的整合、优化和共享。应急科研协同创新中投入的资源一般包括人才、知识、技术、信息以及资金等。

1. 人才资源

创新人才是应急科研协同创新最重要的战略资源。科研创新人才掌握高尖端的科学知识或专业技能，是连接知识创新、技术创新及创新扩散的载体。科研创新人才强烈的创新精神是其在应急科研协同创新中最能动的因素，参与应急科研协同创新活动并推进创新持续深入进行。虽然高等院校聚集了大量的科研创新工作者，也是培养输出科研创新人才的重要基地，但科研院所和行业企业同样为应急科研协同创新提供大量的科研人员、工程师及企业家，这些也是应急科研协同创新人才队伍的重要组成部分。从各方面汇聚到一起的科研创新人才各有所长，必须相互配合、齐心协力，才能发挥出涌现聚变效应，推动应急科研协同创新高效进行。

2. 知识资源

知识是应急科研协同创新的基础和源泉。在当前知识经济时代下，知识已渗透到经济社会的各行各业、各个领域和环节，只有积累丰富的知识资源储备才能获得知识创新发现及技术进步的动力。随着学科交叉融合发展和全球化持续推进，科学知识体系愈加庞大和复杂，在突发事件情境下没有任何单一科研创新主体能够拥有支撑创新的所有知识资源，各科研创新主体必须进行合作从而取得知识资源的共享。而不断变化的创新环境及不同科研创新主体知识资源的异质性和互补性，客观上也要求各科研创新主体必须要进行协同创新。借助应急科研协同创新平台，高等院校和科研机构的科学知识与企业的技术知识通过流动、共享、吸收、转化，在平台的作用下最终变成协同创新的智力资源和创新能力。

3. 技术资源

在应急科研协同创新中，技术资源的提供者主要是应急科研协同创新系统的基本主体，也就是高等院校、科研院所和企业。技术资源与知识资源两者之间其实存在很多交叉，因为技术本质上也是知识，是系统化的知识，它以科学知识或理论知识为基础。广义的技术既包括有形的技术形式，如样品、图纸和数据等，也包括方式方法、知识积累及经验总结等无形的技术形式。应急科研协同创新的高等院校、科研院所及企业等各科研创新主体所掌握的技术各有专长，这些就形成了各科研创新主体之间的差异性。这些科研创新主体将不同的专长技术汇集、交融、无缝对接，从而产生显著的协同作用和功能放大效应，应急科研协同创新的协同创新活动才能达成实质性的效益产出效果。

4. 信息资源

信息资源是人类活动的数据、资料、媒介和载体，对人类的科研创新活动有重要的支撑作用。如政策信息为应急科研协同创新活动提供方向指引，也能为符合政府相关政策要求的应急科研协同创新活动提供政策供给和政策支持。市场需求信息则能帮助企业有针对性地进行产品研发、设计和生产、销售，提高市场占有率，也能帮助高等院校和科研院所开展针对性的人才培养，提高毕业生的就业率和就业质量。应急科研协同创新中完善的信息资源共享平台使得各参与主体之间的信息流通顺畅，各主体充分共享信息资源，个体利益与整体利益保持高度一致性，各主体共同努力协同推进应急科研协同创新目标的实现。

5. 资金资源

资金是应急科研协同创新不可或缺的重要资源。长期以来，我国高等院校和科研院所一直是教育、科研、经济相脱节的状态，且企业的科研成果转化率低，这种现象的主要原因之一就是缺乏合理的资金支持。高等院校和科研院所大量的科研成果在发表论文之后及课题鉴定评奖之后便束之高阁，大多数都没有得到有效转化，这也是因为没有持续的资金支持。应急科研协同创新系统中政府、科研中介机构、金融机构及其他社会组织等支撑主体的积极参与，为应急科研协同创新活动构建了良好的资金环境，一方面，为应急科研协同创新活动的进行提供了重要的资金保障；另一方面，能够有效降低应急科研协同创新的风险。

（三）协同机制

协同机制是应急科研协同创新系统有序、高效运行的稳定器和保障体系。本书认为应急科研协同创新系统的协同机制包括动力机制、沟通机制、协调机制、利益机制和评价机制，构成一个统一、不可分割的体系，相互关联、相互影响和相互制约。其中，动力机制解决应急科研协同创新系统的驱动力问题，包括内在动力和外在动力，内在动力主要包括组织与个体的成长与成就需求，自我价值和自我实现的期望，外在动力主要源自突发事件情境下社会的紧迫需求、政府的政策驱动、社会公众的期望以及责任感等。沟通机制解决应急科研协同创新系统的联系与交互问题，不仅包括沟通的方式、渠道和语言，还包括由文化、习惯等形成的沟通模式，良好的沟通机制不仅可以提高沟通的效率，降低沟通成本和误解率，还有助于建立良好的工作氛围。协调机制解决应急科研协同创新系统的争议与纠纷问题，在推进应急科研协同的工作进展中，难免会发生争议和纠纷，需要得到及时、公平和有效的解决，这就需要建立协调机制。利益机制解决应急科研协同创新系统的收益分配与平衡问题，利益分配是否公平和合理是影响各主体参与意愿强弱和积极性高低的主要因素，因此需要构建一套根据各主体的投入与贡献进行收益分配的利益机制。评价机制解决应急科研协同创新系统的导向与激励问题，评价机制将强化有利于提高评价绩效的行为，同时抑制不利于提高评价绩效的行为，使得评价机制具有导向与激励功能。

（四）协同绩效

协同绩效是评估突发事件情境下应急科研协同创新系统达成最终科研目标的程度，是对应急科研协同结果的评价和总结。本书针对突发事件情境下应急科研协同创新系统的实际情况，认为应该着重从时间、成果、效用和价值四个维度的指标评价协同绩效。由于突发事件情境下应急科研的紧迫性和时效性，期望产出应急科研成果所花费的时间越短越好，这是一个相对指标，可以从应急科研协同创新项目的期望时间和与竞争对手所花费的时间对比进行测量。成果用于衡量应急科研协同创新系统对创新的贡献度和影响力，可以用申请的发明和专利数来进行测量。效用用于衡量本应急科研协同创新成果对突发事件防控和处置的有效性，可用成果产品在同类产品中的市场占有率进行估算。价值则是从宏观视角评价应急科研协同创新成果对社会产生的价值和贡献，可以从成果产品对突发事件的防控与处置效果进行定量评估。

四、系统环境

（一）支撑环境

支撑环境是突发事件情境下为应急科研协同创新系统提供资源和助力的保障因素和外部环境，和谐友善、积极向上和充满活力的研发环境能激发研发人员的潜能和潜力，提升研发人员的工作效能，有利于推进应急科研协同创新进展。对于应急科研协同创新系统来说，主要的支撑环境包括政府的政策供给和支持，各主体之间的文化认同，以及科研经费保障等。政府的政策供给和支持提供的不仅是引导作用和资金资助，还包括应急科研创新成果应用的政府兜底保障，为应急科研协同创新团队减少压力，营造一个宽松的科研环境和氛围，让各参与主体和科研成员可以心无旁骛地做好科研创新工作。多元主体协同参与应急科研协同创新时，各主体来自不同的组织，有不同的组织文化和行为习惯，当组织文化和行为习惯差异较大时，容易产生冲突，产生内耗，且导致科研创新团队内部的不和谐，影响应急科研协同创新效率。因此，应急科研协同创新系统在选择协同主体时要特别关注组织文化的相似性和包容性，为营造一个和谐的研发环境奠定基础。充足的研发经费保障将会激发应急科研协同创新团队的斗志，使其以饱满的工作热情投入研发工作实践中，提升研发效率；相反，一个缺乏经费支持的应急科研协同创新团队，将极大地影响研发人员的信心，导致人心涣散，应急科研协同创新工作推进迟缓，甚至半途而废。

（二）协同创新平台

协同创新平台是应急科研协同创新活动正常开展的重要载体和必备条件。协同创新平台是指不同行业和不同领域的多元异质主体为了实现特定的目标，将各方主体的优势资源和专长能力整合，开展协同创新活动的合作平台，高等院校、科研院所及企业等科研创新主体在协同创新平台上合作开展协同创新活动，实现某种知识、技术或产品的研发及商品化活动，将应急科研成果转化为单方无法独立达到的高效用和高效益。应急科研协同创新平台是高等院校与科研院所、企业及其他支撑主体围绕应急科研协同创新建立起来的组织平台，其平台设置和组织结构并不没有固定的模式，而是随着应急科研协同创新系统的类型和功能定位的变化而变化的。

构建应急科研协同创新平台，是突发事件情境下实现多元协同创新主体进行知识、技术、信息、资本等资源聚集的重要场所和途径。平台通过汇聚整合各参与主体的人才、知识、技术、政策、资金及信息等创新资源，协同开展应急科研创新和技术研发活动，推动应急科研成果有效转化，为突发事件的防控和处置提供科学方案和科学方法、智力和技术服务。应急科研协同创新平台的建设必须以应急科研创新的快速响应和精准研发为准绳，以高等院校、科研院所和企业的优势资源为依托，破除各应急科研协同创新主体之间的组织壁垒，实现资源共享、激发创新活力。因此，应急科研协同创新平台的建设必须坚持开放协作、高效共赢的原则，成为高等院校、科研院所、企业及政府、科研中介服务机构、金融机构等系统构成主体开展应急科研创新活动的稳固基础。

第三节 应急科研协同创新系统特征

应急科研协同创新是由高等院校、科研院所及行业企业等多元主体在突发事件情境下围绕共同的创新目标，联合进行技术或产品研发攻关的组织模式，最终实现"整体功能大于部分之和"的协同效应。应急科研协同创新系统运行中呈现出以下基本特征。

一、目标一致性

应急科研协同创新的提出开启了协同思想指导下进行应急创新活动的新时代。应急科研协同创新与一般应急科研创新组织模式的区别就在于多元主体之间的协调与合作，将高等院校、科研院所、企业、政府、科研中介服务机构、金融机构及其他各种创新关联组织进行资源整合，为了共同的应急科研协同创新和攻关目标、协调多元科研主体实现应急科研协同创新绩效。由于应急科研协同创新中各主体组织分别属于不同行业、不同领域和不同部门，要想充分发挥各主体的比较优势，必须以共同的目标为前提。因此，开展应急科研协同创新先要确定共同的科研目标，可能是突发事件防控和处置的关键技术难题攻关、应急产品研发等方面的创新研发，各参与主体要对应急科研协同创新的最终目标、技术路线、研发策略等达成一致。在共同的应急科研协同创新目标导向下，各参与主体通过契约关系或股份关系，建立一整套完备的科研合作机制。

由于参与应急科研协同创新的各主体社会分工不同，在应急科研协同创新系统中各自的功能定位、价值取向和目标任务都存在一定的差异。因此，开展应急科研协同创新必须要先通过战略协同形成共同的目标愿景和内在动力，从而便于对各主体之间的利益进行均衡处理。在此基础上，应急科研协同创新各参与主体合理分工、各司其职，形成整体合力，共同完成目标。应急科研协同创新团队的组建就是为了汇聚和整合各科研创新参与主体之间的创新资源和创新要素，充分发挥政府的政策引导作用，高等院校和科研院所在科技和人才方面的天然优势，企业在应用场景、科研成果转化和市场推广等方面的优势，以及中介服务机构的信息沟通和链接功能，实现各资源异质主体之间的资源共享、优势互补、信息互通，形成协同创新利益共同体，推动政策、资本、人才、知识、技术和应急需求的有机结合，从而尽快产出应急科研协同创新和攻关成果，为突发事件的防控与处置提供科学方案和科学方法。

二、资源共享性

在当今知识经济时代，科学知识增长速度迅猛，技术产品更新换代越来越快，且随着市场竞争的激烈化程度加剧，科研创新的不确定性和风险不断加大，在突发事件情境下任何科研创新主体都难以依靠自身组织内部资源进行独立科研创新的传统模式开展应急科研创新和攻关活动，即使其资金实力雄厚、研发能力超强，单个组织也不可能拥有支撑起应急科研创新和攻关的所有资源。全球经济一体化的发展趋势要求科研创新主体将战略目光从组织内部跳出来，在全球范围内进行科研创新资源的优化配置，借助其他科研组织的力量来增强自身的科研创新效率和创新能力，科研协同创新模式便应运而生。尤其是在突发事件情境下，由于应急科研创新和攻关任务的紧急性、时效性和艰巨性，更需要科研创新主体整合组织内部和外部的资源，实现科研资源的整合和共享，协同推进应急科研创新和攻关任务的快速开展。应急科研协同创新由政府、高等院校、科研院所、企业和中介服务机构等多个主体构成，各主体之间存在创新资源和创新能力等方面的差异，只有各主体之间实现良性的功能耦合和匹配，应急科研协同创新系统才能达到完善的水平。

科研创新资源是创新活动得以开展的前提和基础。应急科研协同创新系统中资源的最大特征就是共享性。应急科研协同创新各参与主体所掌握的创新资源存在异质性，包括政府部门、高等院校、科研院所、企业、中介服务机构、金融机构等主体及其拥有的各类高尖端人才资源，科学知识、信息、数据、技术及设备等客体资源，以及政府政策、应急需求和组织文化等环境资源。应急科研协同创新各参与主体的科研经历和掌握的科研资源也有一定的区别和互补，如高等院校更多的是科学知识和科研人才，科研院所更多的是技术资源，企业和金融机构掌握更多的是产品资源、市场资源和资金资源，科研中介服务机构掌握更多的是大量的信息资源。应急科研协同创新系统要打破传统固有的条块分割思维，使各方参与主体的科研创新资源在系统内无障碍流动，在各主体间充分共享，避免各自的资源严重浪费、创新效率低下，才能产生资源整合、优势互补、集成放大的协同效应。

三、功能耦合性

应急科研协同创新系统中协同放大效应除需要系统内资源整合和共享外，还需要各科研创新主体实现功能上的良性耦合，这种良性耦合表现为各组织相互配合、相互协作、互为补充，实现取长补短，真正实现应急科研协同创新系统的内生增长机制和"1 + 1 > 2"协同效应。政府部门、科研中介服务机构、金融机构及其他支撑主体为应急科研协同创新营造良好的外部环境。高等院校和科研院所发挥自身科学知识及创新人才优势，企业发挥技术和市场优势，各主体之间相互补充，在应急科研创新和攻关方面相互协作。一方面，能够提高企业技术产品创新水平及应对突发事件防控和处置的科学方案与科学方法；另一方面，能够提升高等院校和科研院所的创新实践能力和社会影响力。各科研协同创新主体通过应急科研协同创新在完成系统总体目标的同时，也实现了自身的成长和价值。对企业来说，除产品技术含量方面的提高外，还为突发事件情境下的应急管理和应急治理贡献了自己的力量，扩大了企业的知名度和影响力，也提升了企业的经济效益；对高等院校和科研院所来说，其应急科研协同创新成果通过市场行为转化为突发事件情境下应急管理的技术和产品，实现了科研创新的社会价值和社会贡献。应急科研协同创新系统各参与主体在功能上保持并不断提高其良性耦合性，不断推进科研协同创新活动深入进行，系统的协同倍增效应得到实现，快速响应和精准研发的应急科研协同创新目标也将得以实现。

四、时间紧迫性

应急科研协同创新是在突发事件情境下产出的突发性、紧急性、临时性的研发需求，目的是尽快产出应急科研创新和攻关成果，为突发事件的防控与处置提供科学方案和科学方法。此时，应急科研协同创新的一个核心目标和典型特征就是情况非常紧急、时间非常紧迫，要想尽一切办法加快应急科研协同创新和攻关进度，尽快尽早产出应急科研协同创新和攻关成果，加快应急科研成果转化及产品上市审批手续，尽快尽早将应急科研成果应用到突发事件的防控与处置中，为突发事件的防控与处置争取时间和空间。应急科研协同创新的时间紧迫性主要体现在以下几个方面。

一是快速响应和启动，一旦突发事件暴发，相关政府部门、应急管理部门、相关科研机构和企业就应该快速响应，敏锐地洞察应急科研创新和攻关的领域和方向，瞄准最主要、最关键的科研技术，引导相关组织和机构快速启动应急科研协同创新和攻关项目团队，立即启动应急科研协同创新和攻关工作。

二是集中精力重点研发，突发事件尤其是重大突发事件爆发后，引发的相关应急科研创新的攻关领域和方向很多，但是由于时间紧迫、科研资源有限，应该抓住那些最重要、最关键和最核心的应急科研协同创新和攻关项目，集中资源和精力开展重点研发。

三是整合资源协同研发，面对应急科研创新和攻关任务的紧急性、复杂性和艰巨性，为快速产出应急科研创新成果，难以由任何一家科研机构承担应急科研创新和攻关任务，需要由多家相关组织和机构整合资源，协同开展应急科研创新和攻关任务，才有可能实现应急科研创新和攻关的快速响应和精准研发的目标。

四是非常规审批提前使用，在突发事件爆发和快速蔓延的特殊时期，应急科研协同创新和攻关的转化成果可以不走正常的审批流程，在确保基本安全的情况下采取特事特办的方式快速审批，缩短临床试用期限，为应急科研协同创新成果的应用争取更多的时间。

五、文化包容性

文化是在人类活动中形成的观念、价值和行动规则的统称，科研创新文化是指导科研人员进行科研创新行为和活动的文化形态之一。美国社会学家罗伯特·莫顿（Robert C Merton）提出"要实现科研创新和体制上的创新，就必须把建立创新文化当作一个重要的前提，这不仅是历史经验，也是现实的需要。"这说明创新文化是科研协同创新体系的基石和黏合剂。

应急科研协同创新由多元创新主体构成，其协同创新行为不只是简单的知识创新和技术突破过程，由于有众多来自不同主体（组织）的人员参与其中，协同创新还是一个社会过程。在这个协同创新的社会过程中，不同创新主体的思想进行交流，创新习惯进行交互，创新行为协作互动，这一切都是不同的创新文化进行交流和碰撞的外在表现。只要应急科研协同创新系统中各参与主体在协同创新交流平台上将各自的创新文化思想（如各自的理想信念、价值观、行为习惯、目标等要素）进行沟通交流、有机整合，并求同存异，包容和尊重不同组织文化和行为习惯的存在，避免不同文化和行为习惯的冲突与矛盾，才能构成应急科研协同创新系统的良好文化环境，确保协同创新活动的正常进行和良性循环。

创新文化对科研协同创新的重要作用显而易见，在科研协同创新组织和管理过程中也起着重要的作用。创新文化不仅表现为敢为人先、勇攀高峰、不畏艰险的创新精神，还体现为攻坚克难、追求真理的创新行为，以及鼓励创新、允许试错、宽容失败的文化氛围等。创新文化一定要与科研协同创新的组织模式相适应、相协调，才能有效发挥创新文化对人的思维、心智的启迪作用。应急科研协同创新要倡导有利于多元参与主体科研协同创新的文化环境，这是关乎应急科研协同创新成败的重要因素。

一是自由开放，要打破传统跨领域障碍及组织壁垒造成的科研创新资源流通不畅的局面，促进应急科研协同创新系统内人员流转和资源扩散。

二是民主和谐，使各科研协同创新主体都能表达自己的想法，发出自己的声音，从而使创新思想和创新思维得到保护，各主体间的信任度和认同度也能得到明显提升。

三是以人为本，强调人在应急科研协同创新系统中的能动性，有助于提高科研创新人才的归属感，激发科研创新人才主观能动性和科研创新潜能。

四是鼓励创新、宽容失败，既要鼓励创新、表扬先进，也允许试错、宽容失败，营造谋创新、重鼓励的浓郁氛围，解除科研创新人员的后顾之忧，避免扼杀其科研创新精神与积极性，鼓励科研创新者要有坚定的意志与百折不挠的精神，积极主动参与应急科研协同创新过程。

第四节　应急科研协同创新模式

应急科研协同创新活动中，需要构建一定的契约制度和合作组织结构，来明确各参与主体应承担的责任、应尽的义务和享有的权利，以此来规范、协调和约束各参与主体的行为，保障和提升应急科研协同创新的有序性和有效性。应急科研协同创新模式可以表征各应急科研协同创新主体的合作行为和合作关系，包括各主体开展应急科研协同创新的合作方式、组织形式、资源配置与调度方案、激励与约束机制、成本分担与收益分享方案等一系列配套策略和机制。应急科研协同创新模式的划分已有相关研究，但尚未形成统一的标准，本书将依据主导主体、合作紧密程度和权属配置对应急科研协同创新模式进行分类。

一、依据主导主体不同分类

依据应急科研协同创新活动由什么主体来主导，可以将应急科研协同创新模式划分为政府引导型、企业主导型和学研（高等院校和科研院所）主导型三种模式。

（一）政府引导型模式

政府引导型应急科研协同创新模式是指各级政府基于突发事件情境下应急管理和应急治理的现实需求，通过紧急、非常规的应急科研项目招标、委托资助、科技项目资助等方式进行项目立项，成立项目课程组，并引导和组织企业、高等院校、科研院所等主体共同参与的科研协同创新模式。

1978 年，我国经济体制转型之前的计划经济时代，政府是以主导者身份介入科研协同创新活动的，当时我国为迅速发展国防工业体系，加快工业化进程，通过制定相关政策，计划性地指定一些企业、高等院校和科研院所进行合作，协同解决一些重大科技问题、攻克国防高尖端技术，政府制定具体的科研内容，决定合作收益的分配方式，制定科研创新绩效的评定规则，且承担科研失败的风险。该协同创新模式在当时特定的历史阶段取得了显著的效果，为国家取得了重要的科技创新和技术突破成果，促进了我国的工业发展和国防事业进步。但是，随着我国由计划经济体制向市场经济体制转变，政府主导型模式导致参与主体缺乏科研创新自主权的缺点日益凸显，越来越难以适应社会发展的要求。由此，在市场经济体制环境下，政府开始转变其在应急科研协同创新中的角色定位，由主导者向引导者和服务者的转变，从而形成政府引导型应急科研协同创新模式，如图 3 - 4 所示。

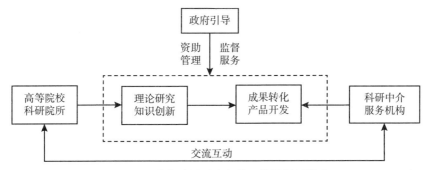

图 3-4 政府引导型应急科研协同创新模式

政府的工作重点在于政策支持和供给、科研协同创新环境创设和维护等宏观方面,通过制定相关的激励机制引导科研创新资源的聚集,组织和协调科研创新活动的有序开展。该模式中政府、企业、高等院校和科研院所在应急科研协同创新过程中的关系相对紧密,政府在其中起到资金资助、资源引导、协调管理、评估监督和提供信息交流服务等作用,高等院校和科研院所凭借其突出的科研攻关实力是协同创新的核心力量,企业凭借其在生产设施、成果转化、市场运营管理方面的优势在科研协同创新的成果产业化阶段发挥主要作用。在政府引导型应急科研协同创新模式中,政府要时刻意识到自己是科研协同创新的参与者和引导者,不是科研协同创新的主导者和领导者,在为企业、高等院校和科研院所的科研协同创新提供鼓励和支持的同时,要充分尊重市场规律在资源配置等方面起的基础性作用,不过度干预应急科研协同创新的具体事务。

(二) 企业主导型模式

企业主导型应急科研协同创新模式是指一家或多家实力雄厚的企业,以应急科研需求为导向,主动寻求与高等院校、科研院所联合,在政府、中介服务机构的配合下,整合科研创新资源,协调、互动地推进应急科研创新和攻关任务的科研协同创新模式。该模式中的参与主体主要有主导企业、参与企业、高等院校、科研院所、政府和科研中介服务机构等。承担主导地位的企业要扮演应急科研创新项目的决策者、协同主体的召集者、资金筹措者、项目管理者和风险主要承担者等多重角色。而参与企业、高等院校、科研院所主要是为科研协同创新提供互补性资源，参与企业的互补性资源主要是专业技术、信息和设备等，高等院校和科研院所的互补性资源主要是高尖端科研人才和知识，政府主要扮演的是引导者和监督者的角色，科研中介服务机构和金融机构等组织主要是为应急科研协同创新提供信息、风险投资等服务。

企业主导型模式如图 3-5 所示，企业坚持市场为导向，能够敏锐洞察突发事件情境下应急管理与治理的市场需求，瞄定能快速进行科研成果转化并推向市场的应急科研方向，这在一定程度上为应急科研成果转化提供了良好的基础。因此，企业主导型模式的应急科研成果通常转化率较高。此外，企业熟悉科研成果转化、产品规模化生产和市场运作，可以为应急科研成果转化后的市场化运作提供便利。但是，企业可能缺乏专业知识和高尖端科研人才等科研创新资源，所以需要高等院校和科研院所的参与。企业主导型模式具有以下特点。

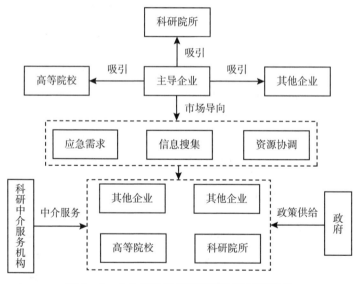

图 3-5　企业主导型应急科研协同创新模式

一是市场需求导向性，企业不断与市场打交道，能够敏锐地感知到突发事件爆发后的市场应急需求，哪方面的应急科研创新是市场所稀缺的，以此快速决定应急科研协同创新的定位和方向，并迅速联合其他参与主体启动应急科研协同创新项目。

二是目标明确性，主导企业不仅了解自身的技术状况和技术需求，也能实时掌握大量的应急市场需求信息，因此主导企业很清楚自己对科研协同创新参与主体的期望，以及应急科研创新和攻关的成果预期。

三是地位主导性，主导企业在应急科研协同创新中始终处于主导地位，主导企业不仅在应急科研协同创新项目的选择、合作主体的挑选、科研管理与协调、科研成果转化、市场化运作等方面起到主导者和决策者的作用，而且在资金筹措、利益分配和风险承担等方面也处于主体地位，是应急科研协同创新和攻关的主导者、支配者和领导者。

（三）学研主导型模式

学研主导型模式如图 3-6 所示，是高等院校或科研院所在突发事件情境下凭借自身在专业知识、高尖端人才、技术和社会资源上的优势，主动寻求与产业界的联合，以实现应急科研资源的获取以及科研成果的产品化、产业化和市场化的协同创新模式。该模式中高等院校或科研院所不仅是推动应急科研协同创新的主导者，还承担招募和协调参与主体，组织应急科研协同创新活动及成果转化，确定应急科研协同创新的目标与方向、内容、利益分配和风险分担等。通常需要高等院校或科研院所具备较强的科研实力，同时在应用研究、开发研究、产品设计和工艺设计等方面具备一定的技术能力和基础，在协调科研生产、市场运作等方面具有一定的经验和网络资源。学研主导型模式也需要企业、政府和科研中介服务机构的配合，企业是高等院校或科研院所主导机构进行市场化目标的载体和实践场地，政府也起到引导者的作用，科研中介服务机构提供信息连接服务功能。

学研主导型应急科研协同模式不仅体现了高等院校和科研院所的"科学研究"功能，而且体现了高等院校和科研院所在突发事件情境下的"社会服务"功能。其运作过程中主要呈现出以下特点。

一是科研导向性，采用学研主导型模式的应急科研协同创新活动一般都是科研难度较大，攻克的科研创新问题需要大量的专业知识积累和高尖端的科研人才，需要先进的实验设备和高级别的科研创新平台，而一般的企业或机构通常难以具备这些资源和条件。

二是资金外部性，一般情况下高等院校和科研院校不具备承担重大应急科研协同创新和攻关项目所需要的庞大资金，需要从外部获取资金支持，比如科技部或基金委的资金资助、企业的资金资助、风险投资的资金资助、金融机构的资金资助等。

三是企业参与性，高等院校和科研院所通常缺乏科研成果转化、产品化和市场化运作的组织、功能和网络，而这些恰恰是企业的长项，因此学研主导型模式中，高等院校或科研院所等主导组织通常需要与企业合作，利用企业的互补性资源和能力协同推进应急科研协同创新活动的开展。

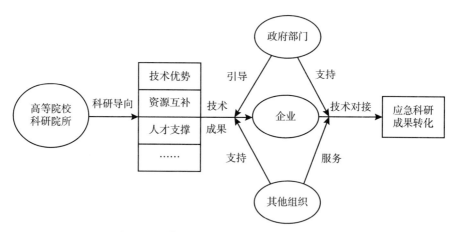

图 3-6　学研主导型应急科研协同创新模式

二、依合作紧密程度不同分类

依据应急科研协同创新各主体之间合作的紧密程度不同，可以将应急科研协同创新模式划分为技术转让、委托研究、合作研究、共建基地、共建实体五种模式。

（一）技术转让模式

技术转让模式如图 3-7 所示，是指专利、发明等技术拥有方将其专利、发明等技术转卖给相关企业或组织，企业或组织将专利、发明等技术运用到生产实践中，进行产品化、商品化、产业化和市场化运作，以满足市场需求和自身经营效益的一种松散型科研合作模式。该模式中技术转卖方一般是高等院校、科研院所、科研专家等专门的科研组织、机构或个体，而技术转买方一般是企业或中介服务机构。技术转让模式是应急科研协同创新模式中主体之间合作紧密程度最低的一种合作方式，技术转卖方和技术转买方之间基于技术交易形成合作关系，技术转让交易结束后合作就结束，属于一锤子买卖的合作关系。在应急科研协同创新活动中，由于时间紧迫，基于科研创新的需要，可能向相关技术拥有者转买相关技术，以缩短自身开展研发的时间，从而形成技术转让的应急科研协同创新模式。

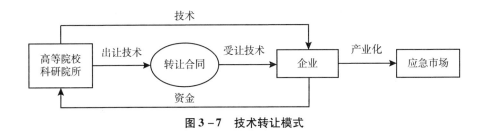

图 3 - 7 技术转让模式

（二）委托研究模式

委托研发模式如图 3 - 8 所示，是指相关企业或组织将某项具体的科研创新项目外包给拥有该项目研发资源和能力的第三方组织或机构独立开展科研创新的科研合作模式，双方通过签订委托研究契约，对委托研究内容、研究目标、时间期限、委托金额及支付方式等进行详细规定，以此约定双方的权利和义务。委托研究模式也属于科研协同创新中合作紧密程度较低的形式，被委托方独立开展相关的科研创新工作，双方并没有对科研创新的内容开展实质的合作研究，依然只是一种基于契约关系的交易型科研协同合作模式。在应急科研协同创新活动中，可能因为科研创新系统的复杂性和技术攻关的艰难性，将部分自己不擅长的科研创新任务通过委托研究的方式外包给专业的第三方组织或机构，第三方组织或机构按照相关契约的要求展开科研创新和攻关活动，并按约定将科研创新和攻关的成果提供给委托方。

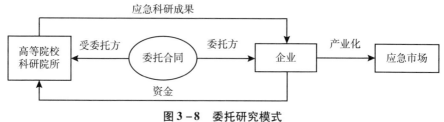

图 3-8 委托研究模式

（三）合作研究模式

合作研究模式如图 3-9 所示，是指资源异质的多个科研协同创新主体基于某项具体的科研创新项目（任务），通过整合各自的科研创新资源和创新要素，协同开展科研创新活动，并就各主体投入的资源、承担的任务和风险、获取的利益等达成一致的科研协同创新模式。该模式中各参与主体切实联合开展实质性的科研创新活动，各主体的合作关系比较紧密，不再属于交易型科研合作关系，而是属于关联型科研合作模式。合作主体通常具备异质性的科研创新资源和要素，开展科研创新合作可以整合各方的优势资源，形成优势互补，为科研创新活动提供充足的科研创新资源和环境，提升科研协同创新的效果和效率。在应急科研协同创新活动中，合作研究模式很常见，因为应急科研创新的紧迫性、时效性，任何单一主体都难以具备开展应急科研创新需要的所有资源和要素，需要联合其他主体共同参与，开展合作研究。

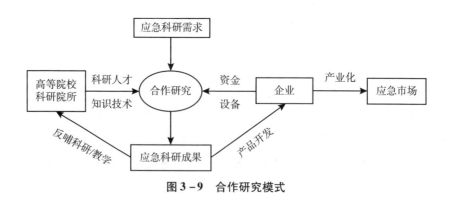

图 3-9 合作研究模式

（四） 共建基地模式

共建基地模式如图 3-10 所示，是合作比较紧密的关联型科研协同创新形式，是指资源异质的多个科研协同创新主体分别投入一定比例的资金、人才和设备等资源共同建立联合科研机构、联合实验室和科研孵化中心等基地，共同组织和管理科研协同创新活动的科研协同创新模式。共建基地模式主要具有以下特点。

一是合作长期性，各科研创新主体基于共同的科研创新目标，达成共建科研基地的意向，并投入创新资源后，相当于建立了一种长期、稳定的战略合作关系。

二是合作紧密性，各科研创新主体共建的基地属于一个科研机构或团队，通常建有相应的管理体制和运作机制，也有相应的组织管理制度，各科研创新主体之间的关系紧密，科研创新活动的组织、管理和运行呈现出一体化特点。

三是合作内部性，从科研基地产权角度看，可以将其科研创新活动纳入组织内部运行的管理模式。

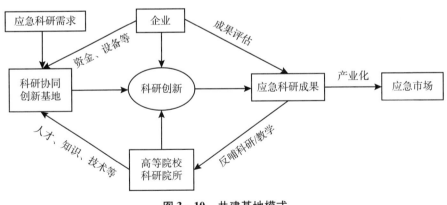

图 3-10　共建基地模式

（五） 共建实体模式

共建实体模式如图 3-11 所示，是合作最为紧密的关联型科研协同创新形式，是指资源异质的多个科研协同创新主体按照共担风险、共享收益的原则,建立独立的团体法人或成立新的公司,合作各方以各自的优势资源投入法人实体中,按契约方式确立各自占有的股份数量,按照公司制度进行运行和管理的科研协同创新模式。该模式中的组织机构、运作机制和管理制度等方面都有明确的定位,各科研创新主体的合作关系紧密。共建实体模式主要有以下特点。

一是公司化运作,各科研创新主体基于投入资源的状况成立具有法人地位的实体公司,按照公司相关的章程、制度进行运作和管理。

二是科研协同程度高,各科研创新主体投入的资源成为公司资产后,由公司统一调配和支配,统筹程度好,协同程度高。

三是合作内部性,从科研实体产权角度看,可以将其科研创新活动纳入组织内部运行的管理模式。

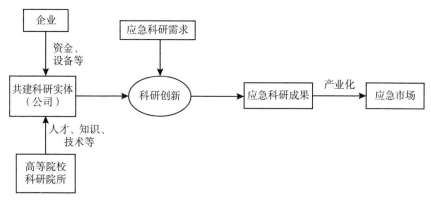

图 3 - 11　共建实体模式

三、依权属配置不同分类

依据应急科研协同创新各主体在应急科研协同创新系统中的地位、重要程度、控制权和话语权的状况,可以将应急科研协同创新模式划分为单核和多核两种模式。在应急科研协同创新系统中,处于较高地位,较为重要且具有较高控制权和话语权的主体称为核心主体,核心主体以外的称为非核心主体或参与主体。

（一）单核模式

单核模式如图 3 – 12 所示，是只有一个核心主体的应急科研协同创新模式。此时核心主体通常具有较强的科研创新资源和实力，在应急科研协同创新活动中拥有较高的决策权限，能够带领各参与主体高效地开展科研创新活动。而参与主体通常规模较小、实力较弱，但在某个方面具备优势资源，能够与核心主体的资源形成差异化和异质性，参与到应急科研协同创新系统中，能够在一定程度上弥补创新资源的短板，有助于推进应急科研协同创新活动的快速与有序开展。在单核模式中，各主体合作意愿较强，合作难度较小，核心主体拥有决定权优势，合作分歧比较容易处理和解决，合作也相对比较稳定。但是通常合作的可持续性较差，在不同应急科研协同创新项目甚至是在同一个应急科研协同创新项目的不同阶段，核心主体会选取不同的参与主体，使得合作波动较大，持续性较弱。

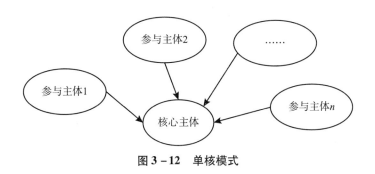

图 3 – 12 单核模式

（二）多核模式

多核模式如图 3 – 13 所示，是有两个或两个以上核心主体的应急科研协同创新模式。此时多个核心主体可以形成"强强"联合的局面，有利于整合强势的优质创新资源，提升应急科研协同创新能力和实力。但是，由于多个核心主体势均力敌，合作过程中难免出现碰撞、摩擦，合作难度较大，甚至会出现相互排挤。当决策出现分歧时，每个核心主体的影响都不可忽视，决策分歧解决难度较大。由于合作难度较大，矛盾调和困难，导致应急科研创新系统的稳定性不强，当其中两个核心主体合作破裂就会影响整个科研创新系统的稳定，甚至导致合作失败，应急科研协同创新项目终止。在多核模式中，通常参与主体的存在感较弱，在应急科研协同创新活动中主要起到配合和协作的作用。

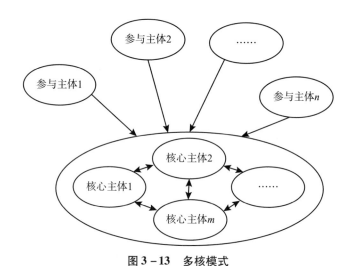

图 3 - 13　多核模式

第四章　应急科研协同创新的动态评价

第一节　应急科研协同创新评价的研究现状

应急科研协同创新是突发事件情境下应急管理和应急治理的重要方略和措施，能够提升应急科研创新和攻关的快速响应和精准研发能力，为突发事件防控和处置提供更及时、更精确的科学方案和科学方法。多元主体开展应急科研协同创新和攻关任务的效率和效果并不是各主体的创新资源和创新能力的简单相加，还依赖各主体协同开展应急科研创新和攻关过程中的资源整合与共享程度、知识与信息的分享与共振程度、创新思维碰撞的加成程度、组织文化的相似性和包容性、协同机制的耦合性和有效性等，这些要素共同形成应急科研创新的协同程度和水平。协同程度和水平高的应急科研协同创新系统，能够激发各主体的科研创新潜能，形成应急科研协同创新系统的内生增长机制，达到"1 + 1 > 2"的协同效应；而协同程度和水平低的应急科研协同创新系统，会产生内耗，抑制各主体的科研创新潜能，无法产生协同效应，形成"1 + 1 < 2"的螃蟹效应。那么，如何度量和测量应急科研协同创新系统的协同程度和水平呢？这是应急科研协同创新研究的一项重要内容，本章将在前人研究的基础上进行深入探讨。

通过中国知网、SCI & SSCI 数据库搜集相关文献，发现专门针对应急科研协同创新评价方面的研究成果还较少，但是针对科研协同创新评价方面的研究已经比较丰富。

在评价指标选取方面，刘翔和李红（2023）以交叉学科为例，认为交叉学科科研创新评价指标应该包括交叉研究产出、研究质量、技术创新产出和代表新技术的前沿研究四个方面，引入定标比超法，对科研创新的进展和差距进行测量，并以新工科专业人工智能为实证对象，对其科研创新进行评价。钟小斌（2020）在分析协同创新类型及影响因素的基础上，认为面向协同创新的科研评价原则要注重综合性评价、过程评价、优化机制和多层次评价，并从科研协同创新的条件、过程和成果两个维度构建面向协同创新的科研评价指标集。乌兰达里（Wulandari，2021）将产学研合作视为一个投入产出系统，构建了包括初始投入、合作过程、合作产出和再投入四个一级指标的产学研合作综合评价指标体系，并从合作规模、合作效率和合作可持续性三个维度对产学研合作绩效进行评价。邱宇和彭燕（Yu Q & Yan P，2021）认为科研合作项目是国家科技发展进步的主要动力，对科研合作项目进行绩效评价可以激发科研活力，促进科研创新，并基于平衡计分卡理论，从资源、效果、内部业务流程、学习与成长四个方面构建科研合作项目的评价指标体系。

在指标权重确定方面，臧艳雨和罗楚钰（2024）基于三螺旋理论，构建区域科技协同创新的"协同投入—合作建设—联合效益"理论模型和评价指标，运用熵值法对各评价指标的权重进行确定，从而建立区域科技协同创新的评价指标体系，并运用系统聚类法对区域科技协同创新的程度进行划分。卜伟等（2023）以江苏高校协同创新中心为例，在选取其绩效评价指标的基础上，运用改进的 G1 – CRITIC – TOPSIS 方法确定各指标的重要性程度（权重），构建绩效评价模型，对 2015—2019 年江苏高校协同创新中心绩效进行静态和动态评价与分析，并基于分析结果提出优化协同创新中心体系建设、建立分类分层绩效评价机制、动态监测协同创新中心运行情况等建议。陈红川等（2022）将高新技术产业协同创新系统划分为创新投入、创新产出和创新环境三个子系统，并采用网络层次分析法（ANP）确定每个子系统各要素（指标）的权重，采用复合系统协同度模型对我国及 11 个省市高新技术产业协同创新协同度进行实证分析，并对其有序度和协同度进行时空演化分析。袁绪梅和郑翠翠（Xumei Y & Cuicui Z，2022）讨论了隶属度与非隶属度的偏差及其对直觉模糊集（IFSs）的影响，构造了基于特殊函数直觉模糊熵的一般表达式，构造了直觉模糊熵的具体函数表达式，将其运用到区域协同创新能力评价中，确定其评价指标的权重，构建区域协同创新能力评价模型。

在应急科研协同创新评价方面，马永红和于妍（2024）以新时代高等院校推进教育、科技和人才三位一体化建设为背景，认为实施有组织应急科研是高等院校科研活动的重要组织形式，而科学、合理地有组织应急科研评价是关键环节，应该从有组织应急科研的内涵和逻辑出发，构建起一套体现有组织应急科研评价的人本性、整体性、多元性、情境性、可持续发展性的评价体系，并建立了包括支撑度、达成度、协同度、创新度和贡献度等维度的评价标准。邱洪全（2021）针对重大疫情情境下应急科研攻关紧迫性、重要性、时效性和协作性的特点，建立包括协同主体、协同任务、协同要素、协同机制、协同绩效和支撑要素的应急科研协同创新系统模型，运用 DEMATEL-ANP 方法构建应急科研协同创新的模糊综合评价模型，对重大疫情环境下应急科研协同创新的实践项目进行动态评价。叶芳羽等（2024）认为高等院校是推进科研创新的重要主体，承担着推动我国创新型国家建设的任务和使命，准确评价高校科研创新效率对提升科研管理能力和绩效具有积极意义，运用数据包络分析方法（DEA）对"双一流"高校2011—2021年的科研创新效率进行测度和评价，分析了各高校科研创新效率的时间演化规律，从地域分布和高校层次两个维度分析了效率差异的根源，并对如何提升高校科研创新效率提出相应的策略建议。王超等（2021）认为突发公共卫生危机中应该将科研力量迅速有效地进行协同整合，对实现高质量的应急研发以及有效遏制突发公共卫生危机的蔓延或扩大态势作用显著，提出科研应急力量协同整合的流程及方法，并对科研应急力量协同整合的效果进行评价。

从现有研究成果来看，对科研创新的评价成果已经比较丰富，对本研究提供理论基础，但是现有研究主要聚焦在产学研合作创新评价、科研机构科研创新评价、区域协同创新评价等方面，而专门针对应急科研协同创新评价的研究还很少，缺乏系统的理论梳理和实践探索。为此，本书以突发事件情境下应急科研协同创新为研究对象，以系统协同理论和耗散结构理论为理论支撑，从动态能力理论的维度构建应急科研协同创新评价指标体系，分析其协同创新测度时序演化的动态特征，以全面、客观和科学评价应急科研协同创新程度、水平和能力，为加速推进应急科研协同创新的快速响应和精准研发提供理论依据和实践指导，具有一定的研究意义和价值。

第二节 评价指标选取

一、动态能力理论

1. 动态能力的发展演化

组织竞争能力的研究始于 20 世纪 60 年代，安东尼（Anthony）、安索夫（Ansoff）和安德鲁斯（Andrews）建立的三安范式（Anthony – Ansoff – Andrews Paradigm）成为组织战略规划和竞争力分析的理论先导。接着以波特为代表的竞争战略理论兴起并得到广泛认可和应用，对组织战略管理和竞争力分析起到巨大的推动作用。然而，三安范式和波特竞争理论都将关注的重点放在组织的外部环境上，而忽视了组织的内部资源和能力。80 年代后，随着竞争的日趋激烈，逐渐有企业出现归核化倾向，业界和学界开始关注和重视组织内部资源的影响。特别是 1984 年沃纳菲尔特（Wernerfelt）提出了"资源基础观"（resource-based-view），认为组织是有形资源与无形资源的集合体，开启了从关注外部环境向关注内部资源的转变，引起了战略规划与竞争力分析领域划时代的变革。在此基础上，1990 年普拉哈拉德和哈梅尔（Prahalad & Hamel）和提出了"核心竞争力"理论，强调将组织的技术与资源配置和整合为某种别人难以复制和模仿的能力。1991 年巴拉尼（Baeney）提出了组织资源和能力分析的 VRIN 框架，即价值性（valuable）、稀缺性（rare）、不可模仿性（inimitable）和难以替代性（non-substituble），由此将组织战略管理和竞争力分析理论进行了内部资源与外部环境的整合，开始强调组织内部资源要与外部环境进行动态匹配，谋求组织发展的独特竞争优势。

随着经济和社会的发展与变革，外部环境和市场竞争越来越激烈，前面所述的理论均难以适应外部环境和市场变化的格局，呈现出其固有的局限性，无法解决组织在动荡的环境变化中获取并持续保持竞争优势的问题，组织越发意识到需要不断调整内部资源和能力，以适应瞬息万变的外部环境，才能形成适合自己的组织发展战略和能力，由此动态能力理论应运而生。

2. 动态能力的概念

动态能力的概念最早由蒂斯和皮萨诺（Teece & Pisano）于 1994 年提出，认为动态能力是改变组织能力的能力。随着专家学者们对动态能力理解和认识的不断深化，动态能力的概念和内涵也不断演变，1997 年蒂斯、皮萨诺和苏安（Teece、Pisano & Shuen）在《动态能力与战略管理》一文中又将动态能力定义为组织构建、整合和重组内部与外部资源，以适应快速变化的市场环境的能力。2007 年，蒂斯（Teece）进一步修正了动态能力的概念，认为动态能力是感知机会与威胁、把握机会以及重构组织资源以保持持续竞争优势的能力。此外，董俊武等（2004）认为动态能力是一种学习能力，是组织为获得持续竞争优势以适应复杂动态环境必须通过学习知识和管理来不断提高和更新自身的能力。柯昌文（2019）将动态能力界定为通过识别市场机会，从外部环境获取资源，并在内部整合与重新配置，借由组织集体学习，发现新机会，创新资源与能力，满足甚至引领市场变化，为动态环境下的组织提升市场价值。

综合以上研究成果，本书认为动态能力是组织或团队为适应复杂且动态的外部环境，通过知识、管理和技术的学习，提升感知和捕捉外部环境变化的机会，并对组织或团队的内部与外部资源进行有效整合与重构，以期获取持续竞争优势的能力。

3. 动态能力的维度

动态能力的维度划分依赖于对动态能力概念的认知与理解，由于专家学者们对动态能力概念的界定存在多重视角，因此对动态能力维度的划分也存在差异性。动态能力提出者蒂斯最早将动态能力划分为适应、整合和重构三个维度，以及包括流程、位势和路径的 3P 架构；随后又调整为整合、构建和重构三个维度；最后蒂斯将动态能力的维度修正为感知机会和威胁的能力、把握机会的能力和重构资源的能力。帕夫卢和埃尔莎维（Pav-lou & Elsawy，2011）从知识学习的角度出发，将动态能力划分为感知能力、学习能力、协调能力和整合能力四个维度。商华和陈任飞（2018）在提出动态可持续能力的基础上，将动态可持续能力划分为监控能力、捕捉能力和重构能力三个维度。柯昌文（2019）从知识基础观的视角将动态能力包括吸收能力、整合能力、学习能力和创新能力。

本书在已有研究成果的基础上，结合研究的实际情况，将动态能力划分为感知识别能力、合作匹配能力、学习应用能力和协调整合能力四个维度。

4. 动态能力的构建

动态能力对组织可持续发展和获取竞争优势至关重要，那么组织应该如何构建自身的动态能力，并持续获取竞争优势呢？专家学者们对此也进行了一些研究，如卓德（Zott，2003）认为动态能力的构建需要经历三个阶段：变异、选择与保留，其中变异是组织要在不断学习和整合资源的基础上形成新的能力，且这种能力是组织应对外部环境变化所需要的；选择是对新的能力和资源进行评估之后，进行动态取舍；保留则是将选择之后的新能力进行应用，发挥其功效和价值。帕夫卢和埃尔萨维（2011）认为组织获取动态能力是一个持续和循环过程，主要包括建立新的组织流程、形成独特的资源与能力、获取稳定且可持续的动态能力、通过学习不断增强动态能力四个步骤。柯昌文（2019）则认为组织动态能力的构建是一个动态过程，主要包括了管理者的动态管理能力、组织的学习与创新能力、组织流程与组织愿景的匹配性三个层面。

本书认为动态能力构建是一个复杂、综合和动态演化过程，且具有明显的个性化和差异化，不同的组织和团队由于所处的行业、阶段和区域，其动态能力构建的方式也有区别，应该根据具体问题、具体情境进行具体分析和考量。

二、评价指标选取原则

应急科研协同创新和攻关是一个复杂的动态系统，对其进行科学、客观和全面的评价并非易事，主要是因为其主体多元、目标多重、因素众多。为此，本书在选取应急科研协同创新和攻关系统的评价指标时应该遵循以下基本原则。

（一）目标导向性

在突发事件情境下，应急科研协同创新和攻关系统具有明确的目标，一方面是要能够对突发事件进行快速响应，快速启动应急科研协同创新和攻关活动；另一方面要能够精准研发，瞄准应急科研急需要解决和突破的科研和技术难题。为此，在选取应急科研协同创新评价指标时，应该紧紧围绕着应急科研协同创新系统的目标和任务展开，能够客观、真实和全面地衡量评价对象在实现应急科研协同创新和攻关目标方面的表现，体现应急科研协同创新和攻关目标的实现程度，以及为突发事件提供科学方法和科学方案的价值导向。

（二）动态演变性

应急科研协同创新和攻关过程中，面临的内外部环境处于动态变化中，应急科研协同创新系统应该在适应内外部环境变化中，不断整合应急科研资源，调整应急科研创新和攻关的方向、目标和进度等，体现出动态演变性。因此，在选取应急科研协同创新系统的评价指标时，应该考量评价对象在应对内外部环境动态变化时所作出的反应与调整，包括反应与调整的及时性、持续性和有效性。及时性体现的是应急科研协同创新系统对内外部环境变化的响应速度，持续性体现的是应急科研协同创新系统对内外部环境变化的连续性和一致性，有效性体现的是应急科研协同创新系统对内外部环境变化的效果和效率。

（三） 全面客观性

由于应急科研协同创新和攻关系统的多元主体、多重目标、众多因素，对其进行评价时应该尽可能全面地反映评价对象各个方面和维度的表现状况，评价指标应该涵盖关键的指标维度，以确保能够对应急科研协同创新和攻关系统进行全面而准确地评估和测度。同时，所选取的应急科研协同创新和攻关系统的评价指标还应该尽可能客观、真实，指标的表现值能够客观、真实地反映出评价对象的表现状况，而不是对评价对象在所选指标的表现绩效呈现出模糊性和主观性。

（四） 便于操作性

应急科研协同创新和攻关系统所选取的评价指标，要在实际中便于操作，涉及的数据容易获取和运用。一是所选取的指标，其表现的好坏和优劣能够通过某种定性和定量的标准进行刻画，且这种刻画的尺度容易获得，不需要付出很长的时间和成本去获取这些指标的评价结果。二是不同的评价主体对同一评价对象进行测度时，同样能够快速且低成本地获取指标的评价结果，且这些评价结果具有收敛性，不会产生很大的偏差。三是所选取指标的评价和测度不需要额外的要求和附加的条件，可以随时随地展开指标评价结果的评估和测量。

（五） 可靠且有效性

应急科研协同创新和攻关系统评价指标的可靠性是指评价指标在度量评价对象时的稳定程度和准确程度，一方面要求所选取的评价指标的表现值比较稳定，不会波动太大，使得在一定时间范围内的观测值不会出现大的偏差；另一方面是所选取指标的观测值可以准确地反映评价对象在该维度的真实状况。应急科研协同创新和攻关系统评价指标的有效性是指所选取指标对测度评价对象综合表现的贡献程度，也就是所选取指标能够比较全面、系统、客观和真实地评估评价对象表现好坏、优劣的程度。

三、评价指标选取

应急科研协同创新是一个复杂的系统工程，对其协同创新水平和程度进行测度需要考虑指标选取的全面性、可行性、可操作性和指引性。从推动应急科研协同创新任务的快速响应和精准研发的视角来看，所选取的指标应该体现其"更加协调、更有效率、更为公平、更可持续"的内在要求，并阐释动能能力理论的内涵和维度。据此，本书选取感知识别能力、重构匹配能力、协同共享能力、沟通协调能力、学习应用能力和收益分配能力六个维度的测度指标，包含33个分指标，如表4-1所示。

表4-1　　　　　　　　应急科研协同创新评价指标体系

评价维度	评价指标	代码	指标说明	属性
感知识别能力（A_1）	识别应急科研需求	A_{11}	当突发事件发生时能够敏锐地识别应急科研需求	正
	锚定应急科研方向	A_{12}	当突发事件发生时能快速响应且锚定应急科研领域和方向	正
	启动应急科研项目	A_{13}	当突发事件发生时能快速启动应急科研协同创新项目	正
	精准搜寻合作对象	A_{14}	应急科研创新项目启动时能够精准搜寻合适的合作对象	正
	应急科研项目重视程度	A_{15}	各主体对应急科研协同创新任务的重视程度	正
重构匹配能力（A_2）	创新资源异质性	A_{21}	各主体资源的差异性及能有效弥补对方薄弱环节的程度	正
	创新能力匹配度	A_{22}	各主体应急科研协同创新能力的协调与匹配程度	正
	政策支持力度	A_{23}	各级政府对应急科研协同创新项目的支持与政策供给程度	正
	快速响应能力	A_{24}	各主体面对突发事件的反应与响应速度	正
	协同创新能力	A_{25}	各主体推进应急科研协同创新和攻关任务的能力	正
	经费保障程度	A_{26}	应急科研协同创新项目经费投入的充裕程度	正

评价维度	评价指标	代码	指标说明	属性
协同共享能力（A_3）	合作意愿与态度	A_{31}	各主体参与应急科研协同创新的意愿强弱和态度好坏	正
	合作动力	A_{32}	各主体参与应急科研协同创新动力的强度与持久性	正
	团队合作精神	A_{33}	各主体应急科研协同创新体现出的团队意识和合作精神	正
	分工与合作能力	A_{34}	应急科研协同创新任务分工与合作的能力	正
	人才协作程度	A_{35}	各科研人才在开展应急科研协同创新中的协作程度	正
	知识交互广度与深度	A_{36}	各主体进行知识共享和交互的广度和深度	正
沟通协调能力（A_4）	沟通能力	A_{41}	各主体联系和沟通的及时性和有效性	正
	分歧处理能力	A_{42}	各主体协调和解决分歧问题的及时性和有效性	正
	关系维护能力	A_{43}	各主体在应急科研协同创新中维护和谐、友好相处的能力	正
	文化相似性	A_{44}	各主体之间文化和习惯的相似性	正
	文化包容性	A_{45}	各主体对不同文化和习惯的包容性	正
学习应用能力（A_5）	知识获取能力	A_{51}	各主体协同获取应急科研创新和攻关所需知识的能力	正
	知识吸收能力	A_{52}	各主体协同吸收应急科研创新和攻关所需知识的能力	正
	知识转化能力	A_{53}	各主体协同将已有知识转化为所需知识的能力	正
	知识创新能力	A_{54}	各主体协同将已有知识进行加工和再创新的能力	正
	知识应用能力	A_{55}	各主体协同将知识应用到应急科研创新场景中的能力	正
收益分配能力（A_6）	成本分担程度	A_{61}	各主体共同分担应急科研协同创新投入的程度	正
	风险分担程度	A_{62}	各主体共同分担应急科研协同创新风险的程度	正
	收益分配公平性	A_{63}	应急科研协同创新成果和收益分配的科学性和公平性	正

评价维度	评价指标	代码	指标说明	属性
收益分配能力（A_6）	知识产权共享性	A_{64}	应急科研协同创新取得的知识产品的共享程度	正
	评价体系科学性	A_{65}	应急科研协同创新评价体系的科学性与公平性	正
	评价体系激励性	A_{66}	应急科研协同创新评价体系的有效性和激励性	正

（一）感知识别能力

感知识别能力体现的是应急科研主体对突发事件及其产生的应急科研需求的感知与快速响应能力，这是应急科研协同创新的基础和前提，没有对应急科研需求的感知识别能力就没有应急科研协同创新项目的诞生，应急科研协同创新和攻关就无从谈起。感知识别能力分为识别应急科研需求（A_{11}），表征当突发事件发生时能够敏锐地识别应急科研需求，预感突发事件的防控与治理需要哪些"科学方法"和"科学方案"，需要在哪些领域取得创新和突破。锚定应急科研方向（A_{12}），表征当突发事件发生时能快速响应且锚定应急科研的具体领域和方向，应急科研主体从哪方面的研发工作作出决策和决定。启动应急科研项目（A_{13}），表征当突发事件发生时能快速启动应急科研协同创新项目，开始执行应急科研协同创新和攻关活动。精准搜寻合作对象（A_{14}），表征应急科研创新项目启动时能够精准搜寻合适的合作对象，应急科研合作主体之间能够实现优势互补、资源共享。应急科研项目重视程度（A_{15}），表征各科研主体对应急科研协同创新任务的重视程度，科研主体对应急科研协同创新和攻关项目越重视，投入的资源就越多，努力程度也就越高，应急科研协同创新和攻关项目取得突破和成功的概率也就越大。

（二）重构匹配能力

重构匹配能力是整合各应急科研主体的异质资源后重构和提升应急科研协同创新的能力，这是应急科研协同创新的关键和核心，也是各应急科研主体开展科研协同创新的目的和意义所在，也就是说各应急科研主体通过协同合作，不仅能够整合内外部的优势资源，实现科研创新资源的优化配置，而且还能大大提升整体的科研创新和攻关的能力与水平。重构匹配能力包括创新资源异质性（A_{21}），表征各主体资源的差异性及能有效弥补对方薄弱环节的程度，这是多元应急科研主体合作的根源，如果合作主体的资源同质性很高，合作并不能达到快速提升应急科研团队资源能力的目的，加成效应不佳。创新能力匹配度（A_{22}），表征各主体应急科研协同创新能力的协调与匹配程度，协调能够降低各主体之间的沟通和交流成本，匹配能够实现合作主体之间的相对平等性和重视性。政策支持力度（A_{23}），表征各级政府对应急科研协同创新项目的支持与政策供给程度，政策支持力度越大，其对科研主体和科研资源的引导作用和能力就越强，对应急科研协同创新资源的聚集效应越大。快速响应能力（A_{24}），表征各主体面对突发事件的反应与响应速度，这是其"应急性"的重要体现，一般的科研创新项目和活动对响应速度的要求没有这么高，但是在突发事件情境下，由于情形十分紧急和紧迫，需要快速响应，尽快产出应急科研成果，才能实现为突发事件防控与处置提供"科学方法"和"科学方案"的目的。协同创新能力（A_{25}），表征各主体推进应急科研协同创新和攻关任务的能力，是各应急科研主体通过协作实现知识更快、更好地创新的过程，达成"$1+1>2$"的协同效应。经费保障程度（A_{26}），表征应急科研协同创新项目经费投入的充裕程度，只有应急科研协同创新的经费充足且到位，能够确保应急科研协同创新任务的有序推进，为应急科研协同创新提供物资保障。

（三）协同共享能力

协同共享能力是各科研主体基于应急科研创新任务凝结而成的合作关系的密度和强度，这是实现应急科研创新"$1+1>2$"的协同效应的根源所在，只有各科研创新主体建立起紧密且持久的协同合作关系，达成资本、人才、知识、技术和信息等资源共享的广度和深度，才能真正构建应急科研协同创新系统的内生增长机制，实现应急科研协同创新的运作机理。协同共享能力包括合作意愿与态度（A_{31}），表征各主体参与应急科研协同创新的意愿强弱和态度好坏，意愿和态度是行为的先导，直接影响各主体开展应急科研协同创新工作的积极程度和努力程度。合作动力（A_{32}），表征各主体参与应急科研协同创新动力的强度与持久性，动力越强、越持久，合作主体的积极性热情越高，对取得应急科研协同创新成果的欲望越强烈。团队合作精神（A_{33}），表征各主体应急科研协同创新体现出的团队意识和合作精神，团队合作意识和精神强的主体之间开展应急科研协同创新和攻关活动，能够大幅度降低相互之间的合作成本，提高合作效率。分工与合作能力（A_{34}），表征应急科研协同创新任务分工与合作的能力，在开展应急科研协同创新活动过程中，各主体之间既分工又合作，分工与合作是孪生兄弟，同一问题的一体两面，不可分割。人才协作程度（A_{35}），表征各科研人才在开展应急科研协同创新中的协作程度，各主体之间的合作归根结底是科研人才之间合作，通过科研人才之间的具体合作行为体现科研主体之间的合作成效。知识交互广度与深度（A_{36}），表征各主体进行知识共享和交互的广度和深度，应急科研创新是知识的吸收、创新和应用过程，不同主体所掌握的知识不同，相互之间的交互越广、越深，融合越好，对新知识创新越有利。

（四）沟通协调能力

沟通协调能力是各科研主体在开展应急科研协同创新和攻关任务过程中进行交流和沟通的方式、渠道和习惯等方面的总称，是建立良好的合作关系与和谐的科研氛围的关键因素，沟通和协调顺畅的应急科研协同创新团队，是激发应急科研协同创新动力和效率的润滑剂和催化剂，良好的沟通方式和习惯、和谐的科研创新环境和氛围有助于应急科研协同创新和攻关任务的快速推进。沟通协调能力包括沟通能力（A_{41}），表征各主体联系和沟通的及时性和有效性，在应急科研协同创新和攻关进程中，各主体之间需要不断进行交流和沟通，交流和沟通的顺畅性和有效性程度，不仅影响沟通的效果，还影响应急科研协同创新团队的氛围。分歧处理能力（A_{42}），表征各主体协调和解决分歧问题的及时性和有效性，应急科研主体在合作过程中，由于代表的利益不同、视角不同、文化不同，难免出现分歧和矛盾，当分歧和矛盾出现时，是否有分歧协调和处理机制，将分歧和矛盾迅速进行化解，这是应急科研协同创新必须思考的问题。关系维护能力

（A_{43}），表征各主体在应急科研协同创新中维护和谐、友好相处的能力，各主体之间关系融洽，合作氛围良好，不仅影响团队的凝聚力，也影响应急科研协同创新和攻关的效果和效率。文化相似性（A_{44}），表征各主体之间文化和习惯的相似性，文化和习惯相似的主体，行为习惯和模式也具有相似性，相互之间的合作比较默契，更有利于协同开展应急科研创新和攻关活动。文化包容性（A_{45}），表征各主体对不同文化和习惯的包容程度，在应急科研协同创新和攻关活动中，当不同主体之间的文化和行为习惯出现冲突时，具有包容和尊重别人文化的习惯时，文化和习惯的冲突就不会扩大和扩散，甚至会自然化解。

（五）学习应用能力

学习应用能力是应急科研创新和攻关进程中知识获取、吸收、转化、创新和应用的能力，是应急科研创新的关键过程和内容，科研创新的本质就是新知识的产生过程，只有学习应用能力强的应急科研协同创新团队才能更有效地推动应急科研创新活动的快速且高效开展，实现应急科研创新和攻关任务的快速推进与精准研发。学习应用能力主要包括知识获取能力（A_{51}），表征各主体协同获取应急科研创新和攻关所需知识的能力，应急科研主体越多、协作越好，获取知识的渠道、途径、方式越多，知识获取的规模就越大，速度也就越快。知识吸收能力（A_{52}），表征各主体协同吸收应急科研创新和攻关所需知识的能力，各科研主体的专业特长不同、知识结构不同，对不同知识的掌握和吸收能力也存在差异，应急科研协同创新需要不同学科、不同领域的知识，多元主体可以发挥各自的学科、专业领域和技术特长的优势，提高知识吸收的广度和速度。知识转化能力（A_{53}），表征各主体协同将已有知识转化为所需知识的能力，将通用知识和理论转化为实际应用是应急科研创新的重要环节，这不仅涉及知识和理论本身，也涉及实际应用领域的具体场景和情境，需要理论与实践的结合，尤其是产学研之间的协作。知识创新能力（A_{54}），表征各主体协同将已有知识进行加工和再创新的能力，这是应急科研协同创新和攻关的关键步骤，是取得应急科研协同创新和攻关成果的关键环节，知识创新能力越强，应急科研创新和攻关取得突破的可能性越大，速度也越快。知识应用能力（A_{55}），表征各主体协同将知识应用到应急科研创新场景中的能力，知识创新的最终目的就是要用到突发事件防控与处置的实践中，为突发事件防控与处置提供"科学方法"和"科学方案"。因此，需要进行应急科研成果转化，转为能够直接为突发事件防控与处置所使用的创新产品。

（六）收益分配能力

收益分配能力是应急科研协同创新系统的成本和风险、产出的成果和专利，以及获得的各种收益在各科研主体间科学、合理和公平分配的能力，各科研主体都是独立的组织，都要考虑自身的利益，只有科学、合理和公平的成本分担和利益共享机制，才能更好地激励各科研主体发挥主人翁的责任感和使命感，全身心地投入应急科研协同创新和攻关实践中。收益分配能力主要包括成本分担程度（A_{61}），表征各主体共同分担应急科研协同创新投入的程度，在应急科研协同创新和攻关进程中，会产生各种费用和成本，需要各应急科研主体按照一定的方式共同承担。风险分担程度（A_{62}），表征各主体共同分担应急科研协同创新风险的程度，应急科研协同创新和攻关的不确定性高、风险性大，各应急科研主体要按一定的规则来承担相应的风险。收益分配公平性（A_{63}），表征应急科研协同创新成果和收益分配的科学性和公平性，各应急科研主体共同投入资源，共同推进应急科研协同创新和攻关任务，取得的成果和收益应该在各应急科研主体之间公平和合理地分配，体现收益的共享性。知识产权共享性（A_{64}），表征应急科研协同创新取得的知识产品的共享程度，知识创新是应急科研协同创新和攻关的关键内容，取得知识产权是应急科研协同创新团队的重要成果，知识产品应该由应急科研主体共同拥有，并享有其产生的收益。评价体系科学性（A_{65}），表征应急科研协同创新评价体系的科学性与公平性，应急科研协同创新系统评价本身就是一个复杂的动态系统，对各科研主体和科研绩效进行科学、合理和公平的评价可以激发各科研主体积极性和努力程度。评价体系激励性（A_{66}），表征应急科研协同创新评价体系的有效性和激励性，从管理维度，应急科研协同创新和攻关项目运作过程中，需要制定相关的制度和机制，对各科研主体和科研人员进行鼓励和激励，激发各科研主体的热情和动力。

第三节　评价指标权重确定

为了提高指标评价的有效性和可信度，克服主观权重中评价专家的随机性、不确定性和认识的模糊性，以及客观权重中统计信息的损失和离散数值分布等影响，本书将采用主观权重与客观权重相结合的综合方法进行权重确定。其中主观权重的确定使用层次分析法（AHP），客观权重的确定使用熵值法，在分别获取主观权重和客观权重的基础上，将主观权重和客观权重进行合成，构成应急科研协同创新评价指标的综合权重。

一、主观权重确定

本书采用美国运筹学家、匹茨堡大学教授萨蒂所提出的层次分析法确定指标权重。邀请区域协同发展领域相关政府部门管理人员、高校和行业协会等相关领域专家和学者对各层级指标重要性程度进行赋值，构建判断矩阵，在判断矩阵通过一致性检验的基础上按步骤求得各层级指标的权重分配。

（一）层次分析法（AHP）概念

层次分析法是由著名的数学家和运筹学家匹茨堡大学教授萨蒂于20世纪70年代初提出的一种定性分析与定量分析相结合的管理决策方法。这种管理决策方法首先通过构建评价对象的评价指标集，将指标集进行分层显示，形成分层的结构模型，通常分为目标层、准则层和方案层三个层次。其次对每个层面内各指标的重要性程度进行主观判断，形成满足一定条件的判断矩阵，再运用线性代数中的矩阵知识和理论对指标集中各因素的关系以及各指标的重要性程度进行分析，进而得到各指标的重要性程度，即指标的权重，从而构建完整的评价指标体系。由于层次分析方法在使用过程中所需要的定量数据和信息较少，决策过程比较简单易行，分析过程具有整体性和系统性等优点，使得层次分析法得到广泛的运用，特别是在权重分配和科学管理决策领域有着其他方法和工具不可比拟的作用和效果。

（二）层次分析法（AHP）步骤

层次分析法在运用实践中通常分为以下几个步骤。

1. 明确问题

首先是要对所研究的对象进行深入的调查研究，对研究对象进行清晰的了解和界定，对研究对象的结构特征、包含要素，以及各要素之间的关联性、包含性、因果性和隶属性进行全面的厘清，对研究对象有系统、全面、客观了解和认识。

2. 建立层次结构模型

在明确问题的基础上，要对研究对象所包含的指标因素进行分层和分类，形成一个多层次的指标结构框架。在层次分析法的运用实践中，通常将刻画层次分析法的结构模型用三层结构来表示，形成一个三层结构的框架体系。其中，第一层是目标层，也就是层次分析法在运用过程中希望达成的目标，该目标通常要求是综合的目标，应该是可以清晰刻画和描述的，即具有明确性；第二层次为准则层，也就是指标层，将评价对象所需要考虑的因素用指标衡量和刻画，形成指标集；第三层是方案层或措施层，也就是在该决策问题中可以选用的备选方案，通过层次分析法对各备选方案的好坏优劣进行定量评价，为选择和决策提供依据。

3. 构建判断矩阵

构建判断矩阵是层次分析法运用中工作量最多的步骤，其原理是利用线性代数知识和理论体系中的矩阵知识，对以上构建的指标集中的各指标因素的重要性程度进行一一比较，将比较结果用矩阵的方式表示出来，形成一个对角线上都是"1"、具有倒数对称性的矩阵，这样就可以构建以下判断矩阵，见表4-2。

表 4 - 2   判断矩阵

A_m	B_1	B_2	…	B_n
B_1	a_{11}	a_{12}	…	a_{1n}
B_2	a_{21}	a_{22}	…	a_{2n}
…	…	…	…	…
B_n	a_{n1}	a_{n2}	…	a_{nn}

其中，a^{ij} 表示针对 A^m 而言，要素 B^i 对 B^j 的相对重要程度的数值，即重要性的比较标度。为了使各因素之间进行两两比较得到量化的判断矩阵，通常根据表 4 - 3 来取值。

表 4 - 3   判断矩阵 1~9 标度及其含义

标度 a_{ij}	定义
1	i 因素与 j 因素同等重要
3	i 因素比 j 因素略重要
5	i 因素比 j 因素较重要
7	i 因素比 j 因素非常重要
9	i 因素比 j 因素绝对重要
2，4，6，8	为以上两判断之间的中间状态对应的标度值
倒数	若 i 因素与 j 因素比较，得到判断值为 $a_{ji} = 1/a_{ij}$，$a_{ii} = 1$

4. 层次单排序

层次单排序是在构建的判断矩阵的基础上，计算出每一个指标（因素）相对于上一层指标的重要性程度（权重），在实践上通常是通过计算判断矩阵的特征向量来实现层次单排序的目的的，但是由于用数学方法精确地计算层次单排序的权重分配往往比较麻烦和复杂，所以在实践中通常采用近似的方法来达到求特征向量的目的。常用的计算方法有求和法与方根法，下面只介绍求和法。

（1）将判断矩阵的每一列作归一化处理，即

$$\overline{a_{ij}} = \frac{a_{ij}}{\sum\limits_{k=1}^{n} a_{kj}}\ ,\ i,\ j = 1,\ 2,\ \cdots,\ n \qquad (4-1)$$

（2）然后求出每行各元素的和，即

$$\overline{W_i} = \sum_{j=1}^{n} \overline{a_{ij}}\ ,\ i,\ j = 1,\ 2,\ \cdots,\ n \qquad (4-2)$$

（3）对其进行归一化处理，即

$$W_i = \frac{\overline{W_i}}{\sum\limits_{j=1}^{n} \overline{W_j}}\ ,\ i,\ j = 1,\ 2,\ \cdots,\ n \qquad (4-3)$$

其中，W_i 为所求的特征向量，即本层各要素相对于上一层某要素的相对权重向量。

5. 层次总排序

所谓层次总排序就是针对最高层目标而言，本层次各要素的重要性的次序排序。层次总排序是从上到下逐层按顺序进行。

假设上一层元素 A_1，A_2，$\cdots$，A_m 的总排序为 W_1，W_2，$\cdots$，W_m，且与 A_i 相应的本层元素 B_1，B_2，$\cdots$，B_n 的单排序结果为 a_1^i，a_2^i，$\cdots$，a_n^i（$i = 1$，2，$\cdots$，m），若 B_j 与 A_i 无联系时有 $a_j^i = 0$，则该层元素总排序可按表 4-4 得到。

表 4-4　　　　　　　　　　　　层次总排序

层次 B	A_1	A_2	$\cdots$	A_m	层次 B 总排序
	W_1	W_2	$\cdots$	W_m	
B_1	a_1^1	a_1^2	$\cdots$	a_1^m	$\sum\limits_{i=1}^{m} W_i a_1^i$
B_2	a_2^1	a_2^2	$\cdots$	a_2^m	$\sum\limits_{i=1}^{m} W_i a_2^i$
$\cdots$	$\cdots$	$\cdots$	$\cdots$	$\cdots$	$\cdots$
B_n	a_n^1	a_n^2	$\cdots$	a_n^m	$\sum\limits_{i=1}^{m} W_i a_n^i$

6. 一致性检验

一致性是指判断矩阵中各要素的重要性判断是否一致，不能出现矛盾。一致性检验是为了检验判断矩阵中各要素重要度之间的协调性，因为要素之间的重要度存在传递关系，比如要素 A 比要素 B 重要，要素 B 又比要素 C 重要，那么，根据传递性原理，要素 A 就要比要素 C 重要。但是，在实际判断时，可能出现要素 C 比要素 A 重要这种违背传递性原理的判断。具体而言，如果要素 A 的重要性是要素 B 的重要性的两倍，而要素 B 的重要性又是要素 C 的重要性的 3 倍，那根据传递性原理，要素 A 的重要性应该是要素 C 重要性的 6 倍，但是，在实际填写判断矩阵时，由于人的主观判断，不一定会将要素 A 的重要性与要素 C 的重要性之比填写为 6，可能会填写为 5 或 7，这时偏差相对较小；但是如果填写为 4、8，或其他偏离 6 更多的数字，那偏差就会扩大，引发矛盾，严重违背传递性原理，被认定所构建的判断矩阵是不可信的。为检验判断矩阵的一致性，需要计算它的一致性指标 CI：

$$CI = \frac{\lambda_{max} - n}{n - 1} \qquad (4-4)$$

其中，λ_{max} 表示 n 阶判断矩阵 A 的最大特征根。

$$\lambda_{max} = \frac{1}{n} \sum_{i=1}^{n} \frac{AW}{W_i} \qquad (4-5)$$

其中，W 表示 n 阶判断矩阵 A 的相对权重向量。

CI 越小，说明判断矩阵的一致性越大。考虑到一致性偏离有随机原因，因而检验判断矩阵是否具有满意的一致性，还须将 CI 值与平均随机一致性指标 RI 相比较。

则随机一致性比率 CR 为

$$CR = \frac{CI}{RI} \qquad (4-6)$$

其中，RI 为平均随机一致性指标，RI 值如表 4-5 所示。

表 4 – 5 　　　　　　　　　*RI* 对应不同阶次的数值

阶数	1	2	3	4	5	6	7	8	9	10
RI	0.00	0.00	0.58	0.90	1.12	1.24	1.32	1.41	1.45	1.49

当 $CR \leq 0.10$ 时，认为判断矩阵具有满意的一致性，否则需调整判断矩阵，使之满足 $CR \leq 0.10$。

7. 确定权重

按此一层一层往下进行指标权重分配，即可获得指标集中所有指标的权重分配，进而构建指标的权重。

二、客观权重的确定

熵值法是运用熵值刻画指标数值的离散程度，据此客观确定该指标的重要性程度和权重值的方法。其计算过程主要分为以下三个步骤。

1. 标准化处理

将应急科研协同创新视为一个复合系统，表示为 $S = \{S_1, S_2, S_3, S_4, S_5, S_6\}$，假设子系统 S_i 对应的序参量为 S_{ij}，其中 $i \in \{1, 2, 3, 4, 5, 6\}$，$j \in \{1, 2, \cdots, n\}$，$S_1$ 为感知识别能力维度，S_2 为重构匹配能力维度，S_3 为协同共享能力维度，S_4 沟通协调能力维度，S_5 为学习应用能力维度，S_6 为收益分配能力维度；n 为每个子系统序参量的数量，$\alpha_{ij} \leq S_{ij} \leq \beta_{ij}$，即 α_{ij} 和 β_{ij} 分别表示序参量 S_{ij} 的下限值和上限值。则标准化处理公式为

$$\mu_i(S_{ij}) = \begin{cases} \dfrac{S_{ij} - \alpha_{ij}}{\beta_{ij} - \alpha_{ij}}, & j \in [1, k] \\ \dfrac{\beta_{ij} - S_{ij}}{\beta_{ij} - \alpha_{ij}}, & j \in [k+1, n] \end{cases} \quad (4-7)$$

其中，$S_{i1}, S_{i2}, \cdots, S_{ik}$ 为正向指标，表示取值越大，子系统的有序度越高；而 $S_{ik+1}, S_{ik+2}, \cdots, S_{in}$ 为逆向指标，表示取值越小，子系统的有序度越高。标准化处理后，$\mu_i(S_{ij}) \in [0, 1]$。

2. 计算熵值

$$e_j = \frac{\sum_{i=1}^{m} p_{ij} \ln p_{ij}}{\ln n}, \; i = 1, 2, \cdots, m; j = 1, 2, \cdots, n \qquad (4-8)$$

其中，$p_{ij} = \dfrac{\mu_i(S_{ij})}{\sum_{i=1}^{m} \mu_i(S_{ij})}$，表示第 i 个评价对象的第 j 个评价指标所占比重；

当 $p_{ij} = 0$ 时，其熵值 $e_j = 0$。

3. 计算熵权

$$w_j = \frac{1 - e_j}{\sum_{j=1}^{n} (1 - e_j)} \qquad (4-9)$$

其中，$0 \leqslant w_j \leqslant 1$，且 $\sum_{j=1}^{n} w_j = 1$。

根据以上熵值法数据处理步骤，可以计算得到应急科研协同创新评价指标权重分配状况。

三、综合权重的确定

假设某指标的主观权重和客观权重分别为 w_j^1 和 w_j^2，本研究运用最小信息熵原理对主客观权重进行综合处理，从而得到指标的综合权重。

$$w_j = \frac{\sqrt{w_j^1 w_j^2}}{\sum_{j=1}^{n} \sqrt{w_j^1 w_j^2}} \qquad (4-10)$$

第四节 动态协同评价模型构建

一、有序度测度模型

在阐述应急科研协同创新评价指标综合权重 w_j 和标准化序参量 $\mu_i(S_{ij})$

的基础上，采用线性加权求和法进行子系统有序度集成，即

$$\mu_i(S_i) = \sum_{j=1}^{n} w_j \mu_i(S_{ij}), \ w_j > 0, \ \sum_{j=1}^{n} w_j = 1 \qquad (4-11)$$

其中，$\mu_i(S_i) \in [0, 1]$，表示的是维度 S_i 的有序程度，$\mu_i(S_i)$ 值越大表明维度 S_i 有序程度越高；反之，表明维度 S_i 有序程度越低。

二、应急科研协同创新评价模型

假设在初始时刻 t_0，应急科研协同创新系统的感知识别能力、重构匹配能力、协同共享能力、沟通协调能力、学习应用能力和收益分配能力六个维度的有序度分别为 $\mu_1^0(S_1)$、$\mu_2^0(S_2)$、$\mu_3^0(S_3)$、$\mu_4^0(S_4)$、$\mu_5^0(S_5)$、$\mu_6^0(S_6)$；在应急科研协同创新系统动态演化进程中的另一时刻 t'，六个维度的有序度分别演化为 $\mu_1'(S_1)$、$\mu_2'(S_2)$、$\mu_3'(S_3)$、$\mu_4'(S_4)$、$\mu_5'(S_5)$、$\mu_6'(S_6)$，则应急科研协同创新系统的评价模型为

$$D = \theta \sqrt[6]{\prod_{i=1}^{6} |\mu_i'(S_i) - \mu_i^0(S_i)|}, \ \theta = \frac{\min_i[\mu_i'(S_i) - \mu_i^0(S_i) \neq 0]}{|\min_i[\mu_i'(S_i) - \mu_i^0(S_i) \neq 0]|} \qquad (4-12)$$

第五节 实证分析

一、实证研究案例

2020 年的新冠疫情是重大突发公共卫生事件，新冠疫情暴发后，厦门大学国家传染病诊断试剂与疫苗工程技术研究中心夏宁邵团队、厦门万泰凯瑞生物技术有限公司、厦门海沧生物医药港响应国家号召，快速作出反应，组建应急科研协同创新和攻关项目组，协同开展的新冠疫情快速检测手段的应急科研创新和攻关工作。该项目团队通过多主体整合科研创新资源，共享各自的知识、信息、技术和数据等要素，协同开展应急科研协同创新和攻关工作，高效和有序地推进应急科研创新和攻关进程，取得突出

的应急科研成效，实现了快速响应和精准研发的双重目标。其应急科研协同创新和攻关团队研制的"新型冠状病毒（2019 - nCoV）抗体检测试剂盒（化学发光微粒子免疫检测法）"通过国家药品监督管理局应急审批，获准上市。此产品是全球首个获批的双抗原夹心法总抗体检测试剂，具有灵敏度高、随到随检、快速检测等优点，为新冠疫情检测与防控作出巨大的贡献。

通过对该应急科研协同创新和攻关团队的深入调研，发现该团队早在2020 年 1 月 15 日就快速启动应急科研协同创新和攻关项目，经过项目组各主体 40 多天齐心协力地攻关，取得丰硕成果，项目组研制的新冠病毒抗体检测试剂盒于 2020 年 3 月 6 日获批上市，该试剂采用双抗原夹心法检测血液样本中的新冠病毒总抗体（包括 IgM、IgG 和 IgA 等各种抗体类型），从方法学上保障试剂具有更高的灵敏度和更好的特异性，同时还具备随到随检、全自动高通量、29 分钟出结果等优点，明显提高一线医疗机构的检测效率。检测试剂盒研制成功后迅速应用于武汉中心疫区的同济医院、协和医院、火神山医院、雷神山医院、中南医院、湖北省疾控中心等医疗机构以及深圳市第三人民医院、浙江大学医学院附属第一医院、仙桃市第一人民医院和昆明市第三人民医院等，后来也被广泛地应用于各医院、各社区的新冠检测中，为我国的新冠疫情检测和防控起到了突出贡献。此外，该应急科研协同创新和攻关项目组研制的总抗体检测试剂（酶联免疫法）、总抗体检测试剂（胶体金法）、IgM 抗体检测试剂（酶联免疫法）、核酸检测试剂（RT - PCR 法）四个产品获得欧盟 CE 准入，并向韩国、意大利、匈牙利、奥地利、荷兰等国供应检测试剂。

二、评价指标权重计算

（一）主观权重计算

采用上述 AHP 的计算过程，将采集的数据代入进行计算，在得出每一层次指标对上一层次指标权重分配的基础上，计算二级指标对总目标层的相对权重，计算方法是将每个二级指标对一级指标的权重乘以其对应一级指标的权重，即可得到整个指标体系的权重分配表。下面以 A_1 层五个指标的权重确定过程为例，介绍 AHP 确定指标的计算过程。

1. 构建判断矩阵

本书通过对相关专家和专业人士进行调查的方式，获取各指标之间重要性程度度量，如对于 A_1 层，设置如表 4-6 所示的调查表，将专家和专业人士对每两个指标的重要性程度的度量求平均值，从而得到相对应的判断矩阵。

表 4-6　　　　　　　　　　A_1 层判断矩阵度量调查

重要性比较	1/9	1/8	1/7	1/6	1/5	1/4	1/3	1/2	1	2	3	4	5	6	7	8	9
A_{11} 与 A_{12} 比较																	
A_{11} 与 A_{13} 比较																	
A_{11} 与 A_{14} 比较																	
A_{11} 与 A_{15} 比较																	
A_{12} 与 A_{13} 比较																	
A_{12} 与 A_{14} 比较																	
A_{12} 与 A_{15} 比较																	
A_{13} 与 A_{14} 比较																	
A_{13} 与 A_{15} 比较																	
A_{14} 与 A_{15} 比较																	

收集和统计调查数据后，将构建以下判断矩阵，见表 4-7。

表 4-7　　　　　　　　　　A_1 层判断矩阵

代码	A_{11}	A_{12}	A_{13}	A_{14}	A_{15}
A_{11}	1	1.4	1.5	1.1	1.25
A_{12}	0.71	1	1.1	0.85	0.9
A_{13}	0.67	0.91	1	0.75	0.85
A_{14}	0.91	1.18	1.33	1	1.15
A_{15}	0.80	1.11	1.18	0.87	1

2. 计算权重

经过列归一化、行元素累计和整体归一化三个步骤后，即可得到 A_1 层的权重分配情况，如表 4 - 8 所示。

表 4 - 8 　　　　　　　　　　　　A_1 层维度权重值分配

代码	A_{11}	A_{12}	A_{13}	A_{14}	A_{15}	行元素累加	权重值
A_{11}	0.244	0.250	0.246	0.241	0.243	1.224	0.245
A_{12}	0.175	0.179	0.180	0.186	0.175	0.894	0.179
A_{13}	0.163	0.162	0.164	0.164	0.165	0.818	0.164
A_{14}	0.222	0.210	0.218	0.219	0.223	1.093	0.219
A_{15}	0.196	0.199	0.193	0.190	0.194	0.971	0.194

3. 一致性检验

$$0.245 \times \begin{bmatrix} 1 \\ 0.71 \\ 0.67 \\ 0.91 \\ 0.80 \end{bmatrix} + 0.179 \times \begin{bmatrix} 1.40 \\ 1 \\ 0.91 \\ 1.18 \\ 1.11 \end{bmatrix} + 0.164 \times \begin{bmatrix} 1.50 \\ 1.10 \\ 1 \\ 1.33 \\ 1.18 \end{bmatrix} +$$

$$0.219 \times \begin{bmatrix} 1.10 \\ 0.85 \\ 0.75 \\ 1 \\ 0.87 \end{bmatrix} + 0.194 \times \begin{bmatrix} 1.25 \\ 0.90 \\ 0.85 \\ 1.15 \\ 1 \end{bmatrix} = \begin{bmatrix} 1.224 \\ 0.894 \\ 0.818 \\ 1.093 \\ 0.971 \end{bmatrix}$$

$$r_1 = \frac{1.224}{0.245} = 5.0007, \quad r_2 = \frac{0.894}{0.179} = 5.0006, \quad r_3 = \frac{0.818}{0.164} = 5.0007, \quad r_4 =$$

$$\frac{1.093}{0.219} = 5.0007, \quad r_5 = \frac{0.971}{0.194} = 5.0007$$

$$r_{\max} = \frac{5.0007 + 5.0006 + 5.0007 + 5.0007 + 5.0007}{5} = 5.0007$$

$$CI = \frac{5.0007 - 5}{5 - 1} = 0.0002 \qquad CR = \frac{0.0002}{1.12} = 0.0002 < 0.1$$

以上就是 A_1 层的权重分配，而 A_2 层、A_3 层、A_4 层、A_5 层、A_6 层的权重确定过程和方法与 A_1 层的权重分配相同，此处不再赘述。

4. 主观权重分配

由于计算的 CR 值小于或等于 0.10 的一致性是可接受的，由此可以得出结论，这个两两比较的一致性程度达到要求，权重分配结果是可信的。依次使用以上计算过程，即可得到应急科研协同创新评价指标体系的主观权重分配表，如表 4 - 9 所示。

表 4 - 9 　　　　应急科研协同创新评价指标主观权重分配

评价维度	维度权重	评价指标	指标权重	综合权重
感知识别能力	0.199	识别应急科研需求	0.245	0.049
		锚定应急科研方向	0.179	0.036
		启动应急科研项目	0.164	0.033
		精准搜寻合作对象	0.219	0.044
		应急科研项目重视程度	0.194	0.039
重构匹配能力	0.217	创新资源异质性	0.188	0.041
		创新能力匹配度	0.154	0.033
		政策支持力度	0.130	0.028
		快速响应能力	0.193	0.042
		协同创新能力	0.216	0.047
		经费保障程度	0.119	0.026
协同共享能力	0.182	合作意愿与态度	0.159	0.029
		合作动力	0.147	0.027
		团队合作精神	0.122	0.022
		分工与合作能力	0.204	0.037
		人才协作程度	0.171	0.031
		知识交互广度与深度	0.197	0.036

评价维度	维度权重	评价指标	指标权重	综合权重
沟通协调能力	0.126	沟通能力	0.245	0.031
		分歧处理能力	0.211	0.027
		关系维护能力	0.260	0.033
		文化相似性	0.138	0.017
		文化包容性	0.146	0.018
学习应用能力	0.161	知识获取能力	0.209	0.034
		知识吸收能力	0.146	0.024
		知识转化能力	0.164	0.026
		知识创新能力	0.263	0.042
		知识应用能力	0.218	0.035
收益分配能力	0.115	成本分担程度	0.186	0.021
		风险分担程度	0.159	0.018
		收益分配公平性	0.211	0.024
		知识产权共享性	0.158	0.018
		评价体系科学性	0.122	0.014
		评价体系激励性	0.164	0.019

（二）客观权重计算

在收集实证案例相关数据的基础上，按照熵值法数据处理步骤，计算得到应急科研协同创新评价指标体系的客观权重分配情况。下面以 A_1 层五个指标的客观权重确定过程为例，介绍熵值法确定指标的计算过程。

根据应急科研协同创新和攻关实证案例项目在立项、启动、研发、转化和应用五个阶段各评价指标的表现情况组织专家进行打分，采用李斯特五级量表，分为很好、较好、一般、不太好、不好，分别赋值5、4、3、2、1，取平均分作为指标的评价得分，如表4-10所示。

表 4 - 10 A_1 层指标数据

评价指标	立项阶段	启动阶段	研发阶段	转化阶段	应用阶段
识别应急科研需求	3.62	3.87	3.94	4.33	4.49
锚定应急科研方向	3.85	3.89	4.01	4.26	4.37
启动应急科研项目	4.18	4.23	4.30	4.34	4.42
精准搜寻合作对象	2.97	3.64	3.81	3.97	4.25
应急科研项目重视程度	4.49	4.52	4.14	3.92	3.88

对 A_1 层指标数据进行标准化处理，让最大值为 1，最小值为 0，得到表 4 - 11 所示的标准化结果。

表 4 - 11 A_1 层指标数据标准化结果

评价指标	立项阶段	启动阶段	研发阶段	转化阶段	应用阶段
识别应急科研需求	0.000	0.287	0.368	0.816	1.000
锚定应急科研方向	0.000	0.077	0.308	0.788	1.000
启动应急科研项目	0.000	0.208	0.500	0.667	1.000
精准搜寻合作对象	0.000	0.523	0.656	0.781	1.000
应急科研项目重视程度	0.953	1.000	0.406	0.063	0.000

在标准化的基础上，进行数据归一化处理，得到表 4 - 12 所示的结果。

表 4 - 12 A_1 层指标数据归一化结果

评价指标	立项阶段	启动阶段	研发阶段	转化阶段	应用阶段
识别应急科研需求	0.000	0.116	0.149	0.330	0.405
锚定应急科研方向	0.000	0.035	0.142	0.363	0.460
启动应急科研项目	0.000	0.088	0.211	0.281	0.421
精准搜寻合作对象	0.000	0.177	0.222	0.264	0.338
应急科研项目重视程度	0.394	0.413	0.168	0.026	0.000

在归一化处理的基础上，计算其自然对数值，规定 0 对应的依然是 0，得到表 4 - 13 所示的结果。

表 4 - 13　　　　　　　　A_1 层指标数据取自然对数的结果

评价指标	立项阶段	启动阶段	研发阶段	转化阶段	应用阶段
识别应急科研需求	0.000	- 2.152	- 1.905	- 1.108	- 0.905
锚定应急科研方向	0.000	- 3.341	- 1.955	- 1.014	- 0.776
启动应急科研项目	0.000	- 2.434	- 1.558	- 1.270	- 0.865
精准搜寻合作对象	0.000	0.000	- 1.507	- 1.332	- 1.086
应急科研项目重视程度	- 0.933	- 0.885	- 1.785	- 3.657	0.000

再将表 4 - 12 与表 4 - 13 对应位置的数据相乘，得到表 4 - 14 所示的结果。

表 4 - 14　　　　　　　　A_1 层指标数据相乘的结果

评价指标	立项阶段	启动阶段	研发阶段	转化阶段	应用阶段
识别应急科研需求	0.000	- 2.152	- 1.905	- 1.108	- 0.905
锚定应急科研方向	0.000	- 3.341	- 1.955	- 1.014	- 0.776
启动应急科研项目	0.000	- 2.434	- 1.558	- 1.270	- 0.865
精准搜寻合作对象	0.000	0.000	- 1.507	- 1.332	- 1.086
应急科研项目重视程度	- 0.933	- 0.885	- 1.785	- 3.657	0.000

然后根据熵权的计算过程，即可得到最终 A_1 层指标的客观权重分配，如表 4 - 15 所示。

表 4 - 15　　　　　　　　A_1 层指标客观权重计算结果

评价指标	e_i	$1 - e_i$	指标权重
识别应急科研需求	- 0.786	1.786	0.208
锚定应急科研方向	- 0.696	1.696	0.196
启动应急科研项目	- 0.784	1.784	0.206

评价指标	e_i	$1 - e_i$	指标权重
精准搜寻合作对象	-0.654	1.654	0.192
应急科研项目重视程度	-0.700	1.700	0.198

由此即可得到 A_1 层五个指标的权重分配情况，分别为 0.208、0.196、0206、0.192 和 0.198。依次使用以上计算过程，即可得到应急科研协同创新评价指标体系的客观权重分配表，如表 4-16 所示。

表 4-16　　　　　应急科研协同创新评价指标客观权重分配表

评价维度	维度权重	评价指标	指标权重	综合权重
感知识别能力	0.206	识别应急科研需求	0.208	0.043
		锚定应急科研方向	0.196	0.040
		启动应急科研项目	0.206	0.042
		精准搜寻合作对象	0.192	0.040
		应急科研项目重视程度	0.198	0.041
重构匹配能力	0.191	创新资源异质性	0.163	0.031
		创新能力匹配度	0.148	0.028
		政策支持力度	0.179	0.034
		快速响应能力	0.204	0.039
		协同创新能力	0.165	0.032
		经费保障程度	0.141	0.027
协同共享能力	0.194	合作意愿与态度	0.134	0.026
		合作动力	0.161	0.031
		团队合作精神	0.147	0.029
		分工与合作能力	0.173	0.034
		人才协作程度	0.189	0.037
		知识交互广度与深度	0.196	0.038

评价维度	维度权重	评价指标	指标权重	综合权重
沟通协调能力	0.137	沟通能力	0.221	0.030
		分歧处理能力	0.235	0.032
		关系维护能力	0.229	0.031
		文化相似性	0.164	0.022
		文化包容性	0.151	0.021
学习应用能力	0.149	知识获取能力	0.219	0.033
		知识吸收能力	0.152	0.023
		知识转化能力	0.171	0.025
		知识创新能力	0.238	0.035
		知识应用能力	0.220	0.033
收益分配能力	0.123	成本分担程度	0.169	0.021
		风险分担程度	0.171	0.021
		收益分配公平性	0.208	0.026
		知识产权共享性	0.142	0.017
		评价体系科学性	0.134	0.016
		评价体系激励性	0.176	0.022

根据以上应急科研协同创新评价指标的主观权重和客观权重的结果，求几何平均值，再进行归一化处理，即可得到应急科研协同创新评价指标的综合权重分配情况，如表4-17所示。

表4-17　　　　　应急科研协同创新评价指标综合权重分配

评价维度	维度权重	评价指标	指标权重	综合权重
感知识别能力	0.202	识别应急科研需求	0.226	0.046
		锚定应急科研方向	0.187	0.038
		启动应急科研项目	0.184	0.037
		精准搜寻合作对象	0.205	0.041
		应急科研项目重视程度	0.196	0.040

续表

评价维度	维度权重	评价指标	指标权重	综合权重
重构匹配能力	0.205	创新资源异质性	0.175	0.036
		创新能力匹配度	0.151	0.031
		政策支持力度	0.153	0.031
		快速响应能力	0.198	0.041
		协同创新能力	0.189	0.039
		经费保障程度	0.130	0.027
协同共享能力	0.188	合作意愿与态度	0.146	0.027
		合作动力	0.154	0.029
		团队合作精神	0.134	0.025
		分工与合作能力	0.188	0.035
		人才协作程度	0.180	0.034
		知识交互广度与深度	0.196	0.037
沟通协调能力	0.131	沟通能力	0.233	0.030
		分歧处理能力	0.223	0.029
		关系维护能力	0.244	0.032
		文化相似性	0.150	0.020
		文化包容性	0.148	0.019
学习应用能力	0.155	知识获取能力	0.214	0.033
		知识吸收能力	0.149	0.023
		知识转化能力	0.167	0.026
		知识创新能力	0.250	0.039
		知识应用能力	0.219	0.034
收益分配能力	0.119	成本分担程度	0.177	0.021
		风险分担程度	0.165	0.020
		收益分配公平性	0.209	0.025
		知识产权共享性	0.150	0.018
		评价体系科学性	0.128	0.015
		评价体系激励性	0.170	0.020

三、有序度评价

运用构建的有序度测度模型对本实证案例的协同程度进行测度，得到结果数据如表4－18所示。感知识别能力方面，在应急科研协同创新和攻关进程中，其有序度呈现出倒U型结构，从立项阶段和启动阶段呈增长趋势，且起点很高；但从研发阶段开始呈现明显的下降趋势，到应用阶段其有序度达到最低值。重构匹配能力方面，在应急科研协同创新和攻关进程中，其有序度呈现持续增长态势，随着应急科研协同创新和攻关项目的推进，其有序度不断增长，从立项阶段的最低有序度到应用阶段的最高有序度。协同共享能力方面，在应急科研协同创新和攻关进程中，其有序度呈现出先上升再下降的倒U型结构，从立项阶段到研发阶段其有序度是上升的，但是从转化阶段到应用阶段其有序度开始呈下降态势。沟通协调能力方面，在应急科研协同创新和攻关进程中，其有序度呈现持续增长态势，除了从研发阶段到转化阶段增长缓慢外，在整个应急科研协同创新和攻关进程中有序度的增长都比较快速。学习应用能力方面，在应急科研协同创新和攻关进程中，其有序度也呈现持续增长的态势，随着应急科研协同创新和攻关项目的推进，团队配合程度越来越默契，应用学习能力的有序度不断增长。收益分配能力方面，在应急科研协同创新和攻关进程中，其有序度也呈现出持续增长态势，尤其是到了应急科研协同创新和攻关成果的转化和应用阶段，各主体对利益分配更加关注和重视，其有序度提升显著。

表4－18　　　　　应急科研协同创新实证案例分维度有序度统计

阶段	感知识别能力	重构匹配能力	协同共享能力	沟通协调能力	学习应用能力	收益分配能力
立项阶段	0.741	0.425	0.264	0.290	0.318	0.253
启动阶段	0.825	0.532	0.451	0.467	0.423	0.396
研发阶段	0.718	0.667	0.739	0.604	0.706	0.511
转化阶段	0.520	0.751	0.632	0.687	0.779	0.748
应用阶段	0.437	0.814	0.506	0.772	0.926	0.873

四、协同度评价与时序演化特征分析

根据应急科研协同创新系统协同度评价模型，可以计算得到本实证案例应急科研协同创新和攻关各阶段的协同度，如表 4 – 19 所示。可知，该应急科研协同创新和攻关项目，立项阶段的协同度是 0.458，启动阶段的协同度是 0.594，研发阶段的协同度是 0.726，转化阶段的协同度是 0.749，应用阶段的协同度是 0.761。将各阶段的协同度绘制成应急科研协同创新系统协同度时序演化图（见图 4 – 1），可见应急科研协同创新系统协同度随着应急科研协同创新和攻关项目的进展，呈现逐渐上升的趋势，但是由图 4 – 1 可明显看出，各阶段协同度增长的速度存在差异，可以将其划分为两个阶段：前半周期后半周期，前半周期包括立项阶段、驱动阶段和研发阶段，后半周期包括研发阶段、转化阶段和应用阶段，前半周期的协同度曲线较为陡峭，协同度增长迅速，而后半周期协同度曲线较为平坦，协同度增长缓慢。这可能是在应急科研协同创新和攻关的前半周期，各科研主体处于一个磨合的过程，随着磨合的程度逐渐提升，协同度呈现快速增长态势，但是到了后半周期，各科研主体的磨合接近成熟，协同度呈现缓慢增长趋势，于是出现图 4 – 1 中各阶段协同度曲线从陡峭到平坦的演变。

表 4 – 19 应急科研协同创新系统协同度统计

阶段	立项阶段	启动阶段	研发阶段	转化阶段	应用阶段
协同度	0.458	0.594	0.726	0.749	0.761

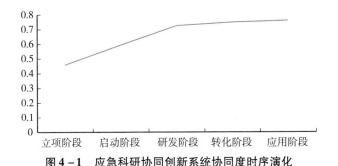

图 4 – 1 应急科研协同创新系统协同度时序演化

第五章 应急科研协同创新的影响效应

随着人类改造社会的能力日益增强，以及生态环境的不断演化，自然灾害、事故灾害和公共卫生事件等突发事件发生的频次逐渐增多，破坏力逐渐增强，对个体、企业和社会等造成巨大的冲击和影响，突发事件发生后，对社会应急管理的快速响应和应急方案的精准治理提出了挑战，如何短时间内动员全社会的资源，精准施策，阻断突发事件的蔓延和影响，将灾害和损失降低到最低限度，是应急管理和应急治理的关键。而加强应急科研创新是强化应急管理科技支撑作用、优化应急管理体系与提升应急管理能力的重要抓手与实践阵地，是应急管理体系的重要环节。实践证明，我国在病毒诊断技术、病毒传播与溯源、治疗方案和疫苗研发等方面开展的应急科研创新工作，取得了丰硕的成果，为疫情防控提供了强有力的科技支撑作用，书写了全球抗疫历程中的中国经验、中国方案和中国答案。突发事件情境下的应急科研创新，除了具有一般科研攻关的探索性、创造性、不确定性、风险性和周期性等特性外，还具有紧迫性、时效性、关键性和敏捷性等应急属性。应急科研的应急属性决定了应急科研创新和攻关任务需要实现快速响应和精准研发的双重目标，为更好地推进应急科研创新和攻关项目的响应速度和精准度，需要具备异质资源的多元主体携手合作，协同开展应急科研创新和攻关工作。正常而言，产学研协同合作是应急科研协同创新和攻关的常用模式，他们拥有资源的差异性和互补性，使得相互之间能够聚集资源、弥补短板，为应急科研协同创新和攻关提供充足的资源保障。

多元协同创新有助于整合优质资源、共享知识以及激发协同效应，尤其是在突发事件情境下，多元协同创新可以缩短应急科研创新的响应时间，促进应急科研创新精准研发，逐渐成为应急科研创新的主流模式。本章基于新冠疫情期间应急科研协同攻关案例调研，以科研禀赋结构为门槛变量，构建双门槛回归模型，实证检验多元协同创新对应急科研创新绩效的影响。研究发现：（1）多元协同创新对应急科研创新绩效具有显著的正向激励效应。（2）多元协同创新对应急科研创新绩效存在显著的基于科研禀赋结构的"双门槛效应"，当科研禀赋结构处于合理区间时，其促进和激励作用显著，且具有稳健性。（3）当科研禀赋结构处于不合理区间时，多元协同创新对应急科研创新绩效的影响作用不明显，且存在差异性。（4）多元协同创新对应急科研创新绩效的影响还受到政策支持力度、人力资本强度和技术应用广度等控制变量的正向影响，但是科研创新难度对应急科研创新绩效的影响尚未显现。

第一节 研究现状

一、应急科研创新研究

从 2003 年非典型肺炎开始，国内外各级政府和学者开始关注应急科研创新体系建设，逐渐认识到应急科研创新对突发事件情境下应急治理现代化的重要性。二十多年来，应急科研创新的理论研究和实践探索取得了比较丰富的成果，这些成果主要聚焦于应急科研创新政策、应急科研创新机制与体系、应急科研创新评价等方面。在应急科研创新政策方面，宋雨薇等（2023）从应急科研创新快速响应和精准研发的视角，运用 PMC 指数模型构建了应急科研创新项目的政策评价体系，以新冠疫情期间国家、部委和省市出台的应急科研创新政策为例开展实证研究，并对各政策的有效性进行对比分析。余云龙等（2023）以气候变化领域的国际科研合作为例，研究当前逆全球化背景下国际科研合作的格局和政策，认为从当前共同应对气候变化以及缓解地缘政治冲突的视角考虑，中国在国际科研合作中应该增加国际合作占欧盟和北美地区的比重、加强 EAGR 内部合作及其与周边地缘政治区的国际合作、增加多边国际合作的比重、积极参与国际合作平台的建设等政策。在应急科研创新机制与体系方面，江宏飞等（2020）以新冠疫情期间"三药三方"等中医药应急科研创新为例，分析中医药应急科研创新体系建设的内容：科研管理、科研攻关、成果转化与应用。傅晋华和蔡劲松（2023）以新冠疫苗研发为例，阐述重大突发公共卫生事件场景下应急科研创新的新型举国体制建设，认为应急科研创新的新型举国体制包括领导机制、组织机制、技术攻关机制、央地协同机制和开放创新机制。在应急科研创新评价方面，谭庆梅和惠娟（Qingmei T & Juan H，2022）运用最小距离—最大熵组合赋权法对重大突发公共卫生事件引发的应急科研成果转化能力进行评价，在收集实际案例数据的基础上开展实证评价研究，并采用 ER 指数改进极化效应贡献度测度模型进行极化效应贡献度分析。邱洪全（2021）从多元协同的视角，运用 DEMATEL – ANP 构建应急科研创新系统的模糊综合评价模型，以新冠病毒抗体检测试剂盒应急研发项目为例开展实证研究，表明评价模型的科学性与有效性。

二、科研协同研究

国内外对科研协同的研究还较少，相关研究成果比较零散。张涛等（2024）以我国数据安全领域为例，选取数据安全领域的相关政策和科研成果，运用 NMF 主题模型和 Word2vec 模型对科研协同进行定量分析，研究结果表明数据安全领域的科研协同呈现逐渐上升趋势，且数据安全领域的政策与科研主题呈现协同演进的关系。黄文明（2024）以我国黑龙江省为例，研究农业科研院所科研协同创新的现状，提出整合创新资源和提高科研创新效率的省市共建的农业科研院所科研协同创新模式，并针对黑龙江省农业科研院所科研协同存在的问题，提出相对应的解决对策。朱才朝等（2024）从整体性治理视角分析高校有组织科研的协同创新能力，运用多重中介模型分析党建引领、制度统一、资源均衡、信息共享、网络关系五个变量对有组织科研协同创新能力的影响关系，研究结果表明党建引领通过强化组织制度建设推动构建多主体合作网络关系，合作网络共同体以推动资源均衡分配和加强组织间的信息共享为中介，为有组织科研提供资源保障和信息赋能，进而提升科研协同创新能力。李月等（2024）以中科院战略性先导专项五个跨学科科研组织为例，运用扎根理论构建组织之间、组织内部和组织外部三重维度的科研协同创新影响因素分析模型，研究表明协同动机、协同意愿和协同能力是影响科研协同创新的核心因素，组织特征、组织管理运行机制是影响科研协同创新的内部因素，政策支持、技术标准环境和知识产权制度是影响科研协同创新的外部因素。

三、科研协同创新影响效应研究

科研协同对科研攻关绩效有没有影响？如果有，那影响程度如何？是学界和业界研究和关注的焦点，已有研究都显示科研协同对科研攻关绩效具有显著的推动和促进作用。林青宁等（2018）认为协同创新有助于创新主体实现人才汇聚、知识共享和资源优化配置，科研协同创新模式逐渐成为关注的热点，并以中国农业科研院所为研究对象，选用2009—2015年的省际面板数据，以研发禀赋结构为门槛变量，构建动态门槛回归模型实证检验协同创新对农业科研院所创新产出的影响，研究结果显示协同创新对农业科研院所创新产出的影响存在基于研发禀赋结构的"双门槛效应"，只有当农业科研院所研发禀赋结构处于合理区间时，协同创新才能有效促进农业科研院所的创新产出。马塞拉等（Marcela et al.，2022）以拉丁美洲护理出版社 Scopus 期刊2005—2020年数据为基础，研究分析科研合作模式对科研创新绩效的影响程度，研究结果发现多作者的成果比单作者的成果被引量显著增加；跨国家（区域）、跨组织的科研合作其成果被引量也要明显高于区域内、组织内的合作；多次合作的成果被引量也要高于单次合作的成果，且随着合作次数的逐渐增多，其成果的质量越高。曾粤亮等（2023）通过对跨学科开展科研合作的青年科研人员进行一对一半结构化深度访谈，参照扎根理论三级编码流程对访谈资料进行详细分析，提炼了6个主范畴和14个子范畴，构建了包括个体、合作网络、外部环境三个维度的青年科研人员跨学科科研合作行为影响效应模型，研究结果表明跨学科合作有助于提高青年科研人员的科研绩效，且其科研合作绩效受内在驱动、内部关系维系和外部推力等因素的综合影响。雷洋昆和陈晓宇（2021）以大学理工科教师 2009—2018 年在 WOS 数据库发表科研论文的数据进行研究，分析各种科研合作模式（跨国、跨地区、同地区跨校、同校、同院、师师、师生等）对科研绩效的影响，研究结果表明不同科研合作模式对科研绩效均有不同程度的正向影响，同院合作对科研绩效的促进作用较大，而跨国与同校跨院合作对科研绩效的促进作用较小。

四、研究评述

从以上关于应急科研创新和应急科研协同的研究现状来看，已经取得比较丰富的研究成果了，为本书的撰写奠定了理论基础，但是从多元协同创新的视角探讨应急科研创新绩效领域的研究还不够系统和深入。一是研究成果数量不足，不管是国内的"中国知网"还是国外的"SCI & SSCI"数据库，关于应急科研协同领域的研究成果均较少。二是研究视角的局限性，多数关于应急科研协同的研究集中于科研主体协同、资源整合或信息共享等单一层面，缺少多元协同视角下应急科研协同的系统研究。三是探讨多元协同创新对应急科研创新绩效影响机制的研究还非常少见，而多元协同又对应急科研创新的快速响应和精准研发十分重要。为此，本书以复杂系统协同学理论为支撑，在梳理现有研究成果的基础上，研究多元协同创新对应急科研创新绩效的影响机理，对增强突发事件情境下应急科研协同攻关能力，提高应急科研创新对突发事件的支持与助力作用具有重要的理论意义和实践价值。

第二节 理 论 框 架

一、相关概念界定

1. 多元协同创新

协同是一个系统学概念，哈肯认为协同是多个相互关联、相互作用的系统内部各子系统之间良好的协调关系。系统内部各子系统之间相互适应、相互协作、相互配合和相互促进，耦合而成的同步、协调与和谐演化的良性循环过程，推动子系统从无序到有序、从初级到高级的动态演变，形成"互惠互利，合作共赢"的内生增长机制，实现"1＋1＞2"的协同效应。协同创新是资金、知识和人才等资源互补的创新主体为实现共同的科研创新目标，通过契约关系结合而成的一个互动联盟，注重资金、知识和人才等创新资源的耦合互动，实现优势互补、资源共用、知识共享，协同推进创新活动，达到降低创新风险、提高创新效率的目的。随着竞争日益激烈，创新周期越来越短，单一主体通常很难具备创新活动需要的所有资源和要素，难以实现快速、有效和复杂的创新目标，多主体协同开展创新活动逐渐成为主流趋势。多主体协同开展创新活动，不仅要主体协同，还需要任务协同、资源要素协同、机制协同、目标协同，以及满足相应的支撑要素，形成多元协同创新模式，才能提高协同创新能力，提高协同创新效果。

协同创新是以知识增值为核心，企业、政府、知识生产机构和中介机构等为了实现重大科技创新而开展的大跨度整合的创新模式。协同创新是通过国家意志的引导和机制安排，促进企业、大学、研究机构发挥各自的能力优势、整合互补性资源、实现各方的优势互补，加速技术推广应用和产业化，协作开展产业技术创新和科技成果产业化活动，是当今科技创新的新范式。协同创新是指创新资源和要素有效汇聚，通过突破创新主体间的壁垒，充分释放彼此间"人才、资本、信息、技术"等创新要素活力而实现深度合作。协同创新是一项复杂的创新组织方式，其关键是形成以高校、企业、研究机构为核心要素，以政府、金融机构、中介组织、创新平台、非营利性组织等为辅助要素的多元主体协同互动的网络创新模式，通过知识创造主体和技术创新主体间的深入合作和资源整合，产生系统叠加的非线性效用。协同创新的主要特点有两点：一是整体性，创新生态系统是各种要素的有机集合而不是简单相加，其存在的方式目标功能都表现出统一的整体性；二是动态性，创新生态系统是不断动态变化的，因此，协同创新的内涵本质是：企业、政府、知识、高校、研究机构、中介机构和用户等为了实现重大科技创新而开展的大跨度整合的创新组织模式。

多元协同创新中的"多元"主要体现在三个方面：一是合作主体的多

元化，开展科研协同创新的主体有多家，且这些主体具有不同的性质，可能有企业、高校、科研院所、事业单位、中介机构等，其来源具有多元化和多样性的特点。二是合作内容的多元化，协同创新主体在开展协同创新活动过程中，不仅要有人才、资金、技术等资源的共享和合作，也有数据、信息、平台和渠道等方面的合作，合作内容具有丰富性和多元性。三是合作模式的多元化，既有资源合作模式、科研人才合作模式、技术转让合作模式、科研任务外包模式等，科研协同任务和情境不同，其合作模式呈现出差异化。

2. 应急科研创新绩效

应急科研创新是指在发生自然灾害、事故灾害和重大突发公共卫生事件等突发事件情况下，为应急管理提供技术方案、方法和工具而衍生出的偶然性、突发性和紧急性的科研创新任务。应急科研创新与一般科研创新都具有"科研"属性，比如系统性、创新性、周期性、风险性等特点，除此之外，应急科研创新有其独特之处，主要体现在其"应急"属性，是伴随着突发事件而意外产生的，为突发事件提供方案、方法和工具的科研攻关活动。因为应急科研创新的应急属性，要求其快速响应、精准研发、压缩流程和缩短时间。当突发事件发生后，相关部门和组织就应该立即启动应急科研创新项目，瞄准能为突发事件提供核心方案、关键方法和有效工具的科研攻关方向，采取特事特办的审批流程和研发进程，加快推进科研攻关进度，尽可能缩短科研攻关时间，及时产出科研攻关成果，为解决突发事件提供支持和助力。应急科研创新绩效除了关注一般科研攻关项目的产出成果和成果转化外，还非常关注产出成果的时间，具有很强的时效性，只有快速产出应急科研创新成果并迅速"产品化"，才能体现出应急科研创新的研发效用和社会价值。

3. 科研禀赋结构

资金和科研人才是应急科研创新活动最核心的资源要素，资金是保障应急科研创新活动顺利进行的物质基础，科研人才是应急科研创新活动的关键创新主体，是产出新知识、新技术和新成果的关键要素，充裕的资金保障和科研人才储备，以及两者之间合理的配比，才能发挥应急科研创新的协同和激励效应。本书将科研禀赋结构定义为：$Rdes = K/L$，其中，K 表示应急科研创新的资金投入量，L 表示应急科研创新的科研人才数量。根据资金投入量与科研人才数量之间的不同配比，将科研禀赋结构划分为"高资金投入—低科研人才""低资金投入—高科研人才""适资金投入—适科研人才"三种情况。高资金投入—低科研人才是指在应急科研协同创新和攻关系统中，资金投入充裕，物质保障充分，但是科研人才的配备相对不足，尤其是高尖端的科研人才规模偏小，呈现出人才不足而资金有余的失衡现象。低资金投入—高科研人才是指在应急科研协同创新和攻关系统中，科研人才的配备充足，尤其是高尖端科研人才的规模能够满足应急科研创新的需求，但是资金投入不足，物质保障不充分，呈现出资金不足而人才有余的失衡现象。适资金投入—适科研人才是指在应急科研协同创新和攻关系统中，所拥有的科研人才队伍的规模和层级与资金投入量形成均衡与匹配状况，实现资金与人才的动态协调现象。

二、理论假设

1. 多元协同创新与应急科研创新绩效

当突发事件发生时，应急科研创新项目紧急而迫切，需要动员一切可以动员的力量和资源，参与到应急科研创新任务中，而任何一家组织或机构都难以具备独立开展应急科研创新项目的所有资源和条件，寻找与自己资源异质、优势互补的组织和机构，联合开展应急科研创新任务，是组织明智的选择，也是确保应急科研创新任务快速启动且精准研发的必然要求。在应急科研创新实践中，政产学研协同开展应急科研创新项目是比较常见的合作模式，政产学研多方资源差异大，优势互补性强，联合开展应急科研创新可以有效整合各方的优势资源，快速响应应急科研创新任务，提高应急科研创新效率，降低应急科研创新风险和不确定性。政府是应急科研创新项目的引导者和资助者，通过人才招引与税收优惠等宏观政策、创新资助与补助、撮合项目合作、搭建应急科研创新平台等多种方式，以项目公开立项、招标立项、委托研究、授权开发等多种形式引导和鼓励各主体参与应急科研创新活动中。企业是应急科研创新活动的核心主体，是新产品研发和技术创新的需求方，承担着应急科研成果转化以及产品化的重任，很多情况下还是应急科研创新项目的出资方，在创新联盟中起到主导作用和桥梁作用。高校和科研院所具有人才聚集高地、知识储备丰富和科研设备先进等优势，是开展理论创新、知识创新和技术突破的最佳阵地。

政产学研多方协同开展应急科研创新项目时，并不是简单地将各方凑合在一起就可以了，需要构建多元协同机制，确保应急科研创新项目高效开展。一是动力机制，应急科研创新主体要有参与项目研发的内在驱动力，具备参与应急科研创新的积极性、主动性和自觉性，能够融入应急科研创新进程中，将自身所具备的资金、知识、技术、人才等资源自觉地投入应急科研创新中，体现主人翁精神和态度。二是沟通与交流机制，应急科研创新主体来自不同领域，有各自独立的企业文化和沟通与交流习惯，为了完成共同的应急科研创新目标黏结在一起，为了降低沟通与交流风险和障碍，提高沟通和交流效率，避免出现沟通与交流不畅造成的信息不对称问题，需要构建一个大家都认同的沟通与交流机制。三是关系协调与治理机制，文化和价值不同的组织联合开展应急科研创新活动时，难免出现问题、纠纷和隔阂，但是为了一致的目标，必须建立起关系协调与治理机制，出现问题、纠纷和矛盾时要能够及时化解和调解，确保应急科研创新团队的融洽关系和氛围。四是成本分担与利益分享机制，参与应急科研创新的每一个组织都是独立的，都有自身的组织利益和诉求，需要以契约的方式建立成本分担与利益分享机制，让每一家参与应急科研创新的组织都在承担成本和风险的同时，获得应急科研创新成果带来的预期收益，这既是公平机制，也是激励机制。由此，提出以下假设。

H5 - 1 多元协同创新对应急科研创新绩效具有正向影响作用。

2. 科研禀赋结构的影响

科研禀赋结构反映了应急科研资金与应急科研人才之间的配比状况。当科研禀赋结构处于"高资金投入—低科研人才"区间时，科研资金投入相对充裕，而科研人才投入相对匮乏，科研资金与科研人才之间结构失衡，导致在应急科研创新实践中，创新知识、技术难以内化和吸收，产生新知识、新技术和新成果的进度延迟，难以满足应急科研创新"紧急性"的时效需求，影响应急科研创新绩效。当科研禀赋结构处于"低资金投入—高科研人才"区间时，科研资金投入不足，而科研人才投入充足，科研资金与科研人才之间结构也处于失衡状态，由于缺少资金支持，很多研发试验、仪器、试剂等停滞或拖延，隐性知识、技术和成果显性化后，难以将新知识、新技术和新成果运用到应急科研创新的具体研发活动和实践中，影响应急科研创新的效力，纵有充足的科研人才，也将陷入巧妇难为无米之炊的窘境。只有当科研禀赋结构处于"适资金投入—适科研人才"区间时，科研资金投入与科研人才投入是适配的，资源和要素高度协调和同步，不仅隐性知识、技术可以快速内化和同化，且内化后的新知识、新技术和新成果也可以顺利地运用到研发活动和实践中，推动应急科研创新活动有序、高效运转，产生可以直接运用到突发事件防控、处置和解决新产品、新方法、新工具，凸显应急科研创新的价值和效用。由此，提出以下假设。

H5 - 2　在合理的科研禀赋结构区间内，多元协同创新才能发挥其加成效应。

第三节　变量测度与数据来源

一、模型构建

应急科研创新的绩效体现在科研创新和成果产出中，其知识生产函数为

$$\ln Y_{it} = \beta_0 + \beta_1 \ln K_{it}\beta_1 + \beta_2 \ln L_{it} + \beta_3 \ln A_{it} + \mu_{it} \qquad (5-1)$$

其中，K 为应急科研资金投入，L 为应急科研人才投入，A 为多元协同创新水平，Y 是应急科研创新成果产出。由知识生产函数可知，应急科研创新成果产出主要来自两个方面：一是应急科研资金和应急科研人才等资源投入，产生新知识、新技术和新成果；二是应急科研创新的不同研发主体之间的多元协同创新，提高应急科研创新效率，加速了应急科研创新的响应速度和研发进度，提升了应急科研创新的精准度和适配度，实现了多元协同创

新对应急科研绩效的正向影响作用。

然后，构建多元协同创新对应急科研绩效的直接影响模型为

$$Perf_{it} = \alpha + \beta Coop_{it} + \gamma X_{it} + \mu_t + \varepsilon_i + e_{it} \qquad (5-2)$$

其中，$Perf_{it}$ 为应急科研创新绩效，$Coop_{it}$ 为多元协同创新水平，X_{it} 为控制变量，μ_t 为时间固定效应，ε_i 为应急科研创新项目团队固定效应，e_{it} 为随机干扰项，假设其服从独立正态分布（0，σ^2）。

在以上分析的基础上，为检验多元协同创新对应急科研创新绩效的影响效应，建立科研禀赋结构的"双门槛效应"模型，即

$$Perf_{it} = \alpha + \beta_1 Coop_{it} \cdot I(Rdes_{it} \leq \theta_1) + \beta_2 Coop_{it} \cdot I(\theta_1 < Rdes_{it} < \theta_2)$$
$$+ \beta_3 Coop_{it} \cdot I(Rdes_{it} \geq \theta_2) + \gamma X_{it} + \mu_t + \varepsilon_i + e_{it} \qquad (5-3)$$

其中，Fin 为应急科研禀赋结构参数，$I(\cdot)$ 为指标函数，θ_1、θ_2 为估计门槛值，α 为显著性水平。在进行双门槛效应检验时，分以下两个步骤进行：一是采用 Stata 14.0 软件平台的 xthreg 命令进行回归分析，然后构建 F 统计量检验，对原假设：$\theta_1 = \theta_2$ 进行检验，由检验结果确定 θ_1、θ_2 的门槛值，当 $\theta_1 = \theta_2$ 成立时，表征不存在双门槛效应，否则（$\theta_1 < \theta_2$）存在双门槛效应。二是构造似然比统计量 LR 检验门槛值的真实性，本书借鉴汉森（Hansen）的研究结果，当样本数量充分且满足 $LR > -2\log(1 - \sqrt{1-\alpha})$ 时，即可拒绝原假设（$\theta_1 = \theta_2$），说明存在双门槛效应。

二、变量测度

1. 应急科研创新绩效

应急科研创新绩效（$Perf$）是衡量应急科研创新成效的指标，除了作为一般科研攻关的评价维度外，还要体现其"应急"属性。本书将采用应急科研时间、应急科研成果、应急科研效用和应急科研价值四个维度指标刻画应急科研创新绩效。为确定四个维度指标的重要性权重，本书将通过专家问卷调查的方法，收集各指标两两比较的重要性程度，然后采用层次分析法（AHP）确定各指标的权重，指标权重计算方法和过程参照第四章第三节的相关内容，此处不再赘述。

在构建应急科研协同创新绩效的指标及其权重后，即建立了应急科研协同创新绩效的评价指标体系。然后采用李克特 5 级（1～5）标准对指标表现进行专家赋值评分，采用几何平均法计算指标得分，再使用加权求和的方法得到应急科研创新绩效（$Perf$）的测度值。

2. 多元协同创新水平

多元协同创新水平（$Coop$）是表征多主体联合开展应急科研创新的协调与配合程度。将多元协同创新视为系统，包括协同主体（S_1）、协同要素（S_2）和协同关系（S_3）三个子系统，其中协同主体包括资源互补性（S_{11}）、创新能力匹配度（S_{12}）、合作意愿与态度（S_{13}）3 个指标；协同要素包括知识交互的广度与深度（S_{21}）、信息传递的及时性与准确性（S_{22}）、协同平台的有效性（S_{23}）、仪器设备的先进性与共用性（S_{24}）4 个指标；协同关系包括沟通的及时性与有效性（S_{31}）、合作的舒适性与愉悦性（S_{32}）、人际关系的和谐性与融入性（S_{33}）3 个指标。这些指标都是定性指标，采用李克特 5 级标准进行专家打分，采用 TOPSIS 方法确定指标权重值 w_j（$w_j > 0$，$\sum_{j=1}^{n} w_j = 1$）。对序参量进行标准化处理后得到 $\mu_i(S_{ij}) \in [0, 1]$。采用线性加权求和法进行子系统有序度集成：

$$\mu_i(S_i) = \sum_{j=1}^{n} w_j \cdot \mu_i(S_{ij}) \tag{5-4}$$

最后，得到多元协同创新水平的测度值：

$$Coop = \sqrt{\prod_{i=1}^{m} \mu_i(S_i)} \tag{5-5}$$

3. 科研禀赋结构

根据前面介绍的概念界定，在对科研禀赋结构参数进行数值计算时，将应急科研创新的资金投入量使用 CPI 指数进行平减，并使用永续盘存法重新测算。应急科研创新的科研人才数量主要指实际从事应急科研创新的科研技术人才，从事项目管理和后勤保障服务的人员不计算在内。

4. 控制变量

为更全面和精准阐述多元协同创新对应急科研创新绩效的影响，在参考相关研究的基础上，设置以下控制变量：（1）政策支持力度（PSS），用强、较强、中、较弱、弱来表示，分别赋予5、4、3、2、1的值；（2）人力资本强度（*HRS*），用应急科研创新的科研人员中拥有研究生学生的占比来表示；（3）科研创新难度（*SRID*），用大、较大、中、较小、小来衡量，分别赋予5、4、3、2、1的值；（4）技术应用广度（*TAS*），用广、较广、中、较窄、窄来衡量，分别赋予5、4、3、2、1的值。

三、数据来源

选取2020—2022年新冠疫情期间从事新冠病毒快速检测、中医药治疗、疫苗研发、病毒溯源与传播等领域的应急科研创新案例43个。其中包括病毒快速检测领域的案例9个、中医药治疗领域的案例16个、疫苗研发领域的案例13个、病毒溯源与传播领域的案例5个。通过对这些应急科研创新案例进行跟踪调查，组织专家和学者对其多元协同创新和应急科研创新绩效等相关定性指标和问题进行评价和打分，收集相关数据和资料。各变量数据的描述性统计分析如表5–1所示。

表5–1　　　　　　　　　　变量描述性统计分析

变量	符号	名称	均值	标准差	最小值	最大值
被解释变量	*Perf*	应急科研创新绩效	3.158	1.421	1.363	4.837
解释变量	*Coop*	多元协同创新	0.463	0.186	0.124	0.749
门槛变量	*Rdes*	科研禀赋结构	5.609	4.930	2.385	13.072
控制变量	*PSS*	政策支持力度	4.718	0.231	4.450	4.950
	HRS	人力资本强度	0.602	0.196	0.257	0.914
	SRID	科研创新难度	4.273	0.841	2.706	4.852
	TAS	技术应用广度	4.210	0.684	3.072	4.917

第四节 模型检验与敏感性分析

一、基准检验

基准检验结果如表 5 - 2 所示，可见多元协同创新对应急科研创新绩效存在显著正向影响，表明多元协同创新对促进应急科研创新绩效具有显著效果，验证了 H5 - 1。多元协同创新有效整合各自优质且异质的资源，精准识别科研方向，提升知识和信息共享程度，降低内部沟通成本，加速新知识、新技术的产出，提高应急科研创新绩效。在不考虑控制变量时，多元协同创新对应急科研创新绩效的影响系数为 0.247，通过了 0.05（即 5%）的显著性检验。在考虑控制变量时，多元协同创新对应急科研创新绩效的影响系数为 0.221，也通过了 0.05（即 5%）的显著性检验。说明不管是否考虑控制变量，多元协同创新都对应急科研创新绩效产生正向影响。

表 5 - 2 基准检验结果

变量	被解释变量：应急科研创新绩效（$Perf$）	
$Cons$	5.859 *** (0.985)	5.741 *** (0.916)
$Coop$	0.247 * (0.104)	0.221 ** (0.093)
PSS		0.119 * (0.042)
HRS		0.068 * (0.031)
$SRID$		− 0.076 * (0.031)
TAS		0.104 (0.047)
$Region$	控制	控制
R^2	0.473	0.468

注：括号内数字为标准差；*** 、** 和 * 分别表示显著性水平小于 0.01、0.05 和 0.1。

二、门槛效应检验

在基准检验基础上，运用 Stata 16.0 的 xthreg 功能对双门槛效应模型（5-3）进行真实存在性检验。从表5-3的检验结果可知，本书探讨的科研禀赋结构门槛变量，单门槛效应通过了 0.1（即 10%）的显著性水平检验，双门槛效应通过了 0.05（即 5%）的显著性水平检验，而多门槛效应没有通过显著性水平检验，验证了模型（5-3）的真实可靠性。可见，本书以科研禀赋结构为门槛变量，讨论在不同科研禀赋结构下，多元协同创新对应急科研创新绩效的非线性影响，采用双门槛回归模型进行分析是恰当的，可以解释因为"双门槛效应"而引起的非线性关系。

表5-3   门槛效应真实存在性检验

项目	单门槛检验	双门槛检验	多门槛检验
F 值	27.154 *	30.162 **	21.807
P 值	0.061	0.029	0.115
10%	5.493	2.526	8.329
5%	7.518	3.701	11.624
1%	11.042	7.385	19.168

注：** 和 * 分别表示显著性水平小于 0.05 和 0.1。

在检验模型（5-3）所假设的双门槛效应真实存在的基础上，通过回归分析得到科研禀赋结构双门槛值的估算结果。第一门槛值和第二门槛值的估计结果分别为 $\theta_1 = 1.746$ 和 $\theta_2 = 2.281$，似然比 LR 接近于 0。然后，再次使用 Stata 16.0 的 xthreg 功能对模型（5-3）进行双门槛效应检验，得到以科研禀赋结构为门槛效应变量的情境下，多元协同创新对应急科研创新绩效的双门槛回归检验结果，如表5-4所示。

表 5 – 4   双门槛效应检验

变量	系数	标准差
PSS	0. 113 **	0. 058
HRS	0. 079 *	0. 035
SRID	– 0. 061	0. 030
TAS	0. 046 *	0. 024
Coop（$Rdes \leqslant \theta_1$）	0. 169 *	0. 076
Coop（$\theta_1 < Rdes < \theta_2$）	0. 225 **	0. 103
Coop（$Rdes \geqslant \theta_2$）	– 0. 121	0. 058

注：** 和 * 分别表示显著性水平小于 0. 05 和 0. 1。

从表 5 – 4 的回归检验结果来看，多元协同创新对应急科研创新绩效产生非线性影响关系。当科研禀赋结构 $Rdes \leqslant \theta_1 = 1.746$ 时，其影响系数为 0. 169，通过了 0. 1（即 10%）的显著性检验；当 $1.746 = \theta_1 < Rdes < \theta_2 = 2.281$ 时，其影响系数为 0. 225，通过了 0. 05（即 5%）的显著性检验；当 $Rdes > \theta_2 = 2.281$ 时，其影响系数为 – 0. 121，没有通过显著性检验。这表明多元协同创新对应急科研创新绩效的促进作用受到科研禀赋结构的影响，只有当科研禀赋结构处于"适资金投入—适科研人才"的合理区间范围时，多元协同创新才能激发协同效应和内生增长机制，产生"1 + 1 > 2"的整体效果，加快新知识、新技术和新成果的研发产出，推动应急科研创新的快速响应和精准研发，从而提高应急科研创新绩效。当科研禀赋结构处于"低资金投入—高科研人才"区间时，多元协同创新对应急科研创新绩效有正向影响，但是影响程度不如科研禀赋结构处于合理区间时那么高；当科研禀赋结构处于"高资金投入—低科研人才"区间时，多元协同创新对应急科研创新绩效不仅没有正向激励效果，反而产生挤出效应，具有负作用。

在控制变量的影响方面，政策支持力度（PSS）的系数是 0. 113，通过了 0. 05（即 5%）的显著性水平检验，表明当突发事件爆发时，政府的政策支持能够引导和激发应急科研创新主体的合作热情，优化整合应急科研

创新的资源要素，提升应急科研创新绩效。人力资本强度（*HRS*）的系数
0.079，通过了 0.1（即 10%）的显著性水平检验，表明高学历人才是应急
科研创新的重要资源和条件，高学历人才比例高的应急科研创新团队，能
够更快更好地掌握、吸收和内化新知识和新技术，并产生创新成果，提高
应急科研创新绩效。科研创新难度（*SRID*）的系数 − 0.061，尚未通过显著
性水平检验，说明科研创新难度对应急科研创新绩效的影响尚未显现。技
术应用广度（*TAS*）的系数 0.046，通过了 0.1（即 10%）的显著性水平检
验，表明技术应用广度大的应急科研创新项目具有广阔的市场前景和经济
预期，其科研成果不仅可以防控和解决突发事件，具有很强的社会效用，
且具有很好的经济收益预期，对应急科研创新资源具有虹吸效应，对应急
科研创新团队也具有正向激励效果，助力应急科研创新绩效的提升。

三、稳健性检验

1. 替换被解释变量

应急科研创新绩效的评价由应急科研时间、应急科研成果、应急科研
效用和应急科研价值构成，变成由结果导向的应急科研成果、应急科研产
品、应急科研收入构成。指标值处理及权重确定保持不变。重新进行实证
检验，结果如表 5 − 5 所示。可知，双门槛效应、多元协同创新对应急科研
创新绩效的正向影响作用、控制变量的影响等方面都没有发生根本性改变，
当科研禀赋结构处于合理区间时，多元协同创新对应急科研创新绩效具有
正向影响关系。可见，本书的研究结论具有稳健性。

表 5 − 5 　　　　　　　　　　稳健性检验：替换被解释变量

变量	系数	标准差
PSS	0.091 *	0.045
HRS	0.124 **	0.058
SRID	− 0.079	0.041
TAS	0.053 *	0.026

变量	系数	标准差
$Coop$（$Rdes \leqslant \theta_1$）	0.152*	0.073
$Coop$（$\theta_1 < Rdes < \theta_2$）	0.250**	0.119
$Coop$（$Rdes \geqslant \theta_2$）	−0.106	0.046

注：** 和 * 分别表示显著性水平小于 0.05 和 0.1。

2. 替换解释变量

多元协同创新从由协同主体（S_1）、协同要素（S_2）和协同关系（S_3）3 个子系统构成变成由协同主体（S_1）、协同要素（S_2）、协同关系（S_3）、协同任务（S_4）和协同机制（S_5）5 个子系统构成；指标权重确定由 TOPSIS 方法变成层次分析法与熵值法相结合的综合方法。重新进行实证检验，得到如表 5-6 所示的检验结果。可知，科研禀赋结构的双门槛效应依然存在，在科研禀赋结构处于合理区间时，多元协同创新对应急科研创新绩效存在正向影响，且各控制变量的影响关系及显著性也未发生本质性变化，表明多元协同创新对应急科研创新绩效的影响效应具有稳健性。

表 5-6   稳健性检验：替换解释变量

变量	系数	标准差
PSS	0.101*	0.052
HRS	0.089*	0.046
$SRID$	−0.045	0.023
TAS	0.060	0.028
$Coop$（$Rdes \leqslant \theta_1$）	0.183*	0.087
$Coop$（$\theta_1 < Rdes < \theta_2$）	0.237**	0.114
$Coop$（$Rdes \geqslant \theta_2$）	−0.142	0.061

注：** 和 * 分别表示显著性水平小于 0.05 和 0.1。

第五节　结论与建议

一、研究结论

多元协同创新是加快应急科研创新响应速度和提升应急科研创新精准研发的重要方略。本书运用突发事件情境下引发的应急科研创新案例数据，以应急科研创新团队科研禀赋结构为门槛变量，建立双门槛回归分析模型，实证检验了多元协同创新对应急科研创新绩效的影响关系，得出以下研究结论。

（1）多元协同创新对应急科研创新绩效具有显著的正向激励效应。在突发事件情境下，资源禀赋异质的各主体协同开展应急科研创新任务，可以整合优质资源，激发内生增长机制，实现"1＋1＞2"的协同效应，提升应急科研创新绩效，为突发事件的处置与防控提供科学助力和科学方案。

（2）多元协同创新对应急科研创新绩效存在显著的基于科研禀赋结构的"双门槛效应"。当科研禀赋结构处于合理区间（1.746，2.281）时，多元协同创新对应急科研创新绩效具有显著的促进和激励作用，且该促进和激励效应具有稳健性。

（3）当科研禀赋结构处于不合理区间时，多元协同创新对应急科研创新绩效的影响作用不明显，且存在差异性。当科研禀赋结构处于"低资金投入—高科研人才"区间时，多元协同创新对应急科研创新绩效具有正向影响；当科研禀赋结构处于"高资金投入—低科研人才"区间时，多元协同创新对应急科研创新绩效具有反向影响。

（4）多元协同创新对应急科研创新绩效的影响还受到控制变量的影响，政策支持力度、人力资本强度和技术应用广度三个控制变量都对应急科研创新绩效有正向影响，且通过显著性水平检验；但是科研创新难度对应急科研创新绩效的影响尚未显现，未能通过显著性水平检验。

二、政策建议

根据本章的理论分析、实践调研和实证结果，提出以下政策建议。

（1）强化应急科研创新主体的多元协同，提高应急科研协同创新的协同效应。突发事件情境下，研究表明多元协同创新对应急科研创新绩效具有显著的正向影响作用。为此，应该构建应急科研创新的多元协同体系，提升多元协同创新水平，进而提高应急科研创新的协同效应。

一是协同主体要注重资源异质且强强联合，资源异质才能达到优势互补的效果，强强联合才能最大限度提升应急科研创新团队的整体实力，在应急科研协同创新实践中，寻找和选择合作主体非常重要，只有合适的合作主体，才能有效提高应急科研协同水平，促进多元主体的资源共享与资源配置，才能加快应急科研创新进程，尽快产出应急科研创新成果和绩效，助力突发事件处置和防控。

二是加强应急科研创新进程中的沟通与协调，尽量避免产生文化冲突和沟通障碍，在选择应急科研合作对象时，就要考量各合作主体之间的企业文化和价值取向的相似性和邻近性，利于各协同主体之间的研发协作和配合；建立良好的沟通渠道和沟通机制，促进各合作主体之间、各成员之间的沟通高效和有序开展，通过良性的沟通与协调，降低团队各主体之间、各成员之间的沟通成本，提高合作效率，实现应急科研创新的协同效应。

三是建立成本分担和利益共享的契约关系，为有效激发应急科研创新团队的积极性、主动性和自觉性，需要建立成本分担和利益共享的契约机制，让每个参与主体都成为应急科研创新任务的主人，充分发挥其主人翁的精神、责任和潜能。

（2）优化应急科研创新的资源配置结构，提升应急科研协同的创新效率。研究表明应急科研禀赋结构对应急科研创新绩效的影响具有双门槛效应，应该优化应急科研创新的资源配比，改善应急科研资金投入与科研人才之间的结构，使科研禀赋结构处于合理区间，发挥其溢出效应。

一是要多渠道筹措应急科研资金，加大应急科研创新活动的资金投入，确保应急科研创新活动有充足的资金保障，避免因资金短缺导致应急科研创新停滞或进度放缓的现象；在突发事件情境下，应急科研创新活动时间紧迫、任务艰巨，一定要有充足的资金和物质供给，为应急科研协同创新活动提供充足的资源保障。为此，应急科研协同创新团队要多渠道、多形式、多举措去筹集资金，比如可以申请各级政府部门的专项应急科研基金项目、政策支持资金、内部筹集、社会筹集等。

二是要加强应急科研创新人才的培育与储备，尤其是高学历、高职称、高技能的高尖端科研人才的引入，将极大促进新知识、新技术和新技能的吸收与内化，对应急科研创新绩效的提升具有积极的促进和推动作用。在应急科研协同创新活动中，由于人才需求的高端性、突发性和紧急性，需要重视柔性人才的引进和使用，对于应急科研协同创新项目所需要的高尖端人才采用灵活、低门槛、个性化和差异化的人才引进策略，最大限度地为应急科研协同创新任务提供所需要的人才支撑。

三是要重视信息和数据等资源的搜集、共享与使用，在如今大数据时代和信息爆炸时代，突发事件暴发后，各种信息、资讯、数据蜂拥而至，应急科研协同创新主体需要及时对这些信息、数据和资讯进行收集和处理，为快速瞄准应急科研协同创新方向和启动应急科研协同创新项目提供决策依据。

（3）加大应急科研创新的政府政策扶持力度，激发应急科研主体的参与热情。在突发事件情境下，政府政策的引导作用至关重要，政府的政策导向具有风向标的作用，通过政策向社会传递积极信号，引导科研资源向政府支持力度大的应急科研创新领域聚集，起到应急科研资源和要素的虹吸效应。

一是政府提供应急科研创新资助，当突发事件暴发时，政府可以通过项目招标、委托研发、项目资助等多种方式对应急科研创新项目和活动进行资助，引领社会资源向应急科研创新领域聚集和靠拢。

二是动员社会资源、社会组织和相关机构主动参与到应急科研创新项目中，在突发事情暴发情况下，由于应急科研创新和应急科研攻关所需资源的稀缺性和紧迫性，需要进行社会总动员，将相关组织、机构和个体所拥有的资源进行集中和统筹，为应急科研协同创新提供支援和保障。

三是弘扬积极、正面的社会价值，政府各部门通过对在应急科研创新中取得突破和重大贡献的组织、团体或个人进行嘉奖，弘扬积极、进取、拼搏和奉献的社会价值观。

第六章 应急科研协同创新的
影响因素

    应急科研是在自然灾害、事故灾害和公共卫生事件等突发事件暴发的情境下，为强化科学研究支撑作用、优化应急管理体系与提升应急治理能力而紧急启动的非常规、非计划的科研项目或活动。应急科研除了具备一般科研的创新性、系统性、周期性和风险性等特点外，还有其独特的应急属性，需要应急科研在突发事件爆发后快速响应和启动，并加快推进研发进度，尽快产出应急科研创新和攻关成果，助力突发事件防控和处置。为了能够达成快速响应和启动及加快研发进度的目的，通常需要承担应急科研创新和攻关任务的核心主体联合其他相关组织，形成应急科研协同创新联盟，通过整合各主体的优势资源，共享信息，建立协同创新的运行机制，形成"1 + 1 ＞ 2"的协同效应。但是，在应急科研协同创新体系中，应急科研创新的协同程度不仅影响应急科研协同创新系统"协同效应"的发挥，也影响应急科研协同创新的绩效，是应急科研协同创新和攻关成败的关键。因此，提高应急科研协同创新程度和水平就变得尤为重要和关键，研究应急科研协同创新的影响因素成为应急科研协同创新领域的重要研究课题。面对复杂、多变和不确定的环境，应急科研协同创新系统受到众多因素的综合影响，如何有效辨别因素的因果属性和识别关键影响因素，并深入剖析因素间的逻辑层次关系，在突发事件情境下探究应急科研协同创新内在机理，提升应急科研协同创新绩效必须研究和思考的课题。

第一节　研究现状

一、科研协同创新影响因素研究

专门针对应急科研协同影响因素的研究罕见，但是关于科研协同影响因素的研究已经比较丰富，此领域的研究可以分为个体间、组织间、个体与组织间、区域间科研协同的影响因素。

1. 个体间科研协同的影响因素

在个体间科研协同影响因素方面，曾粤亮等（2023）应用扎根理论对青年科研人员跨学科开展科研合作创新的影响因素进行分析，构建了包含个体、合作网络和外部环境三个维度的科研合作创新行为影响因素框架，研究发现，青年科研人员跨学科科研合作创新行为受内在驱动因素、内部维系力量和外部推动作用的共同影响。黄雪梅（2022）以"双一流"建设高校教师的科研合作为主题，运用计划行为理论和质性资料分析构建教师科研合作的影响因素模型，采用结构方程模型对收集的样本数据进行分析，结果显示相对优势、学科文化、学术评价与组织资源等因素通过合作意愿的中介作用显著地影响教师科研合作行为。

2. 组织间科研协同的影响因素

在组织间科研协同影响因素方面，张志华等（2020）以重大疫情为研究案例，认为科研力量协同整合效果受科研单位内部网因素和科研单位间的协同互动过程的共同影响，基于个体、组织和互动过程三个维度，深入分析科研力量协同整合的影响因素。常路等（2019）以"2011 计划"协同创新中心的合作高校及科研院所为研究对象，从组织声誉、联盟经验和网络中心性三个维度分析产学研协同创新绩效的影响因素。

3. 个体与组织间科研协同的影响因素

在个体与组织间科研协同影响因素方面，杨明欣等（2019）探讨了高校科研人员与科研团队之间科研协同的影响因素问题，在选取科研基础、科研项目参与程度、科研执行情况、科研成果贡献、科研成果转化、科研能力发挥程度等维度因素的基础上，运用 DEMATEL 方法建立直接影响矩阵，计算综合影响矩阵、原因度和中心度，绘制因果分析图，研究结果表明，科研经费和科研平台是影响科研协同的关键影响因素。

4. 区域间科研协同的影响因素

在区域间科研协同影响因素方面，陈璟浩和徐敏娜（2020）运用科学计量学、社会网络分析、引力模型等方法对中国与东盟各国的科研合作态势及影响因素进行分析，研究发现，科研合作创新受各国经济规模、科研水平、通信设施发展程度、对外交流水平，以及国家距离、社会距离和学科相似度等因素的综合影响。

二、动态能力理论的研究

随着外部环境的日趋复杂与动态变化，需求不确定性的加剧，动态能力理论得到广泛关注，成为研究热点，内部资源整合和外部环境的动态匹配成为组织和团队提升效率和赢得竞争优势的法宝。近年来，学者们对动态能力的研究不断深化，取得了丰富的研究成果，这些成果主要聚焦于动态能力的概念与内涵、应用领域、维度划分和构建路径等方面。

1. 概念与内涵

在概念与内涵方面，蒂斯（2007）将动态能力定义为企业感知机会和威胁、把握机会以及重构企业资源以保持竞争优势的能力，将企业外部环境中的机会与威胁和企业内部的资源进行有机整合和重构，以适应外部环境的动态变化，使企业能够获取持续的竞争优势。齐永兴（2014）认为动态能力是一种学习能力，是一种通过感知外部环境动态变化来整合和重构组织内外部资源，以提升自身竞争优势的能力，而感知外部环境动态变化和重构组织资源都依赖组织内部学习能力，倡导构建学习型组织，以提升组织的学习能力。

2. 应用领域

在应用领域方面，动态能力理论的研究主要集中在企业的战略变革与战略演化（邵云飞等，2023；焦豪等，2021；宋哲和于克信，2020），运用动态能力理论与组织战略理论对组织的战略制定、战略变革以及战略调整进行深入研究和探讨。对组织创新与创新绩效的影响因素分析（王超发等，2023；张昊和刘德佳，2023；邱玉霞等，2021；吕途等，2020），通过实证研究定量分析组织创新能力与组织创新绩效之间的关系，多数研究认为组织创新能力对组织创新绩效有正向影响关系。研究企业的转型升级（叶春梅和吴利华，2023；郝文强等，2023），认为企业的转型升级需要匹配和适应外部环境的动态变化，企业的转型升级一方面是为了更好地适应外部环境的变化，另一方面是为了提升企业的运作效率和经营业绩，尤其是数字化转型方面（杨隽萍和徐娜，2023；焦豪等，2021；钱晶晶和何筠，2021）。在当前数字化时代，近年来企业数字化转型得到广泛的关注，是一个普遍的研究问题，这既是外部环境的驱使，也是内部转型升级的必然要求。

3. 维度划分

在维度划分方面，蒂斯（2007）将动态能力划分为整合能力、构建能力和重构能力，整合能力是组织根据外部环境的变化和需求，从组织内部和外部整合所需要的资金、人才、技术和设备等资源的能力。构建能力是组织在整合资源的基础上，对资源进行合理配置的能力，是资源在组织内部各业务间的配置和使用人力、资本等各种经济资源进行生产以求得最佳经济效益的能力。资源配置能力越强，就越有可能实现低成本、高利润的目标，从而在竞争中立于不败之地。重构能力是组织为适应变化的市场环境，围绕组织新的业务领域和业务活动重新构造管理系统、员工技能和知识、企业价值观系统，以及技术系统等。吴磊宇（Wu L Y，2010）则把动态能力划分为信息利用能力、机会识别能力、资源获取能力、内部整合能力、外部协调能力和组织重构能力，其中信息利用能力是从组织内部和外部海量数据和信息进行获取、挖掘和运用的能力；机会识别能力是在数据和信息运用的基础上，感知未来的市场机会和市场需求的能力；资源获取能力是为了开展新的业务以满足市场新的需求，从组织内部和外部获取资源的能力；内部整合能力是为了新业务的开展对内部的组织结构、人员配备和资金预算等方面进行整合和配置的能力；外部协调能力是为了获取更多元、更完备的资源，通过组织之间的合作来获取异质资源，以满足自身发展需要的能力；组织重构能力是为了确保新业务的顺利和高效开展，对内部组织结构进行调整和重构的能力。

4. 构建路径

在构建路径方面，纽伯特（Newbert，2015）研究认为动态能力构建包括四个维度：重新调整组织流程、整合独特的资源和能力、持续获取适应环境的动态能力、建立学习型组织的能力，也就是说，组织构建动态能力的重点在于组织结构的调整，获取新的资源，动态感知外部环境的变化，以及不断提升学习能力。萨尔瓦托等（Salvato et al.，2018）提出员工个体动态能力的概念，强调提升员工个体的动态能力及人际关系，并通过凝聚个体员工的动态能力整合与构建企业的动态能力，认为员工动态能力的集合构成组织的动态能力，组织动态能力高低是由员工动态能力的强弱来决定的，因此，要提升组织的动态能力就必须提升员工的动态能力。吴瑶等（2022）以索菲亚与经销商的合作为例，探讨了数字化技术通过促进跨组织的合作创新能力和协同变革能力，构建跨组织的动态能力，在数字化时代，组织的数字化能力是其动态能力的重要组成部分，组织通过数字化转型提升其数字化水平，也将在一定程度上提升了其动态能力。

三、研究评述

从以上研究现状来看，应急科研协同创新领域已经取得比较丰富的研究成果，为本章的撰写奠定了理论基础，但是从动态能力的视角探讨应急科研协同创新影响因素的研究还较少，且不够系统和深入。一是研究成果数量不足，不管是中国知网还是 SCI & SSCI 数据库，关于应急科研协同创新影响因素领域的研究成果均较少。二是目前关于动态能力的研究对象多数是企业或组织，针对多家组织（机构）组建的科研团队开展研究的还很罕见。三是现有科研协同创新影响因素的研究较少开展多级递阶结构分析和形成有向拓扑图，无法洞察各影响因素之间的逻辑层次关系。

为此，本章以动态能力理论和复杂适应系统理论为支撑，在梳理现有研究成果的基础上，研究应急科研协同创新的影响因素，探索应急科研协同创新的内在运行机理，对增强突发事件情境下应急科研协同创新能力，提高应急科研协同创新的快速响应速度和精准研发力度具有一定的理论意义和现实价值。

第二节　应急科研协同创新影响因素构建

一、因素调研与筛选

通过中国知网、SCI & SSCI 数据库，以"应急科研协同""科研协同""科研协同创新""应急科研创新"为关键词，搜索到相关科研论文 107 篇，删除与研究内容相关性弱的文献，剩下 52 篇，从中提取与应急科研协同创新相关的影响因素 155 个。合并名称相似及含义相近的因素，删除关联度低且出现频次低的因素，剩下 19 个候选因素集。基于动态能力理论，将影响因素划分为感知识别能力、合作匹配能力、学习应用能力和协调整合能力四个维度。其中感知识别能力包括识别应急科研需求、锚定应急科研方向、启动应急科研项目、搜寻合作对象四个因素；合作匹配能力包括资源异质性、合作意愿与合作动力、团队意识与合作精神、任务分工与协作能力、资源共享程度；学习应用能力包括知识获取能力、知识吸收能力、知识转化能力、知识创新能力、知识应用能力；协调整合能力包括沟通能力、分歧处理能力、关系维护能力、文化相似性与包容性、利益共享性与激励性。这不仅是影响突发事件情境下应急科研协同创新绩效的因素，也是构成应急科研协同创新动态能力的重要组成部分。

二、专家调查设计

1. 专家函询内容设计

为完全且真实地获取被函询专家对因素的看法，在参考相关文献的基础上，结合研究的实际需求，设计专家函询内容，包括三部分内容。一是专家个人信息，主要包括专家性别、年龄、学历、专业、职称、单位性质、从事岗位等。二是调查简介，简要说明调查的研究背景、意义、内容、目标等。三是因素评价意见，包括因素重要程度评分、专家自我评价、填写说明三部分内容。其中，因素重要程度评分采用李克特五级量表，分为很重要、比较重要、一般重要、不太重要、不重要，分别赋值5、4、3、2、1，用于刻画和表征因素的重要性程度。自我评价包括评价依据和熟悉程度两个方面。评价依据分为实践经验、理论研究、非主观判断三种情况，采用"大、中、小"三级量表进行测量，用于表征专家判断因素重要性程度时基于该依据进行判断的程度，例如理论研究的依据"大"表示专家对因素重要性程度作出判断的依据很大程度是基于理论研究成果；理论研究的依据"中"表示专家对因素重要性程度作出判断的依据中等程度是基于理论研究成果；理论研究的依据"小"表示专家对因素重要性程度作出判断的依据很少程度是基于理论研究成果。参考白如江等（2023）的研究成果，各评价依据对应级别的赋值情况为实践经验（0.5、0.4、0.3）、理论研究（0.3、0.2、0.1）、非主观判断（0.2、0.15、0.1）。分值的大小表征专家对因素重要性程度判断结果的可信度。熟悉程度分为很熟悉、比较熟悉、一般熟悉、不太熟悉、不熟悉五种情况，分别赋值为0.9、0.7、0.5、0.3、0.1，比如专家填写的是"比较熟悉"，将熟悉程度赋值0.7。

影响因素函询内容设计量表见表6-1。

表6－1 影响因素函询内容设计量表

重要性等级	赋值	判断依据						熟悉程度	赋值
		实践经验	赋值	理论研究	赋值	非主观判断	赋值		
很重要	5							很熟悉	0.9
比较重要	4	大	0.5	大	0.3	大	0.2	比较熟悉	0.7
一般重要	3	中	0.4	中	0.2	中	0.15	一般熟悉	0.5
不太重要	2	小	0.3	小	0.1	小	0.1	不太熟悉	0.3
不重要	1							不熟悉	0.1

2. 专家函询评价指标设计

（1）专家回应系数（R）。专家回应系数是指被函询专家对本书所研究问题的关注并配合填写函询问卷的程度。R 值越大，表明专家对研究问题的关注度越高，配合填写函询问卷的可能性越高，一般要求 $R \geqslant 0.70$。假设 q 表示发出函询问卷数量，q^* 表示收回函询问卷数量。则有

$$Y = \frac{q^*}{q} \tag{6-1}$$

（2）专家可信系数（C_K）。专家可信系数是指被函询专家对本书所研究问题的专业程度和熟悉程度，用于表征专家评分结果的可信程度。C_K 值越高，表明专家对所研究问题越专业、越熟悉，其评分结果越可信，一般要求 $C_K \geqslant 0.70$。假设 C_a 表示专家判断依据，由实践经验、理论研究、非主观判断的赋值累加得到；C_f 表示专家熟悉程度。则有

$$C_K = \sqrt{C_a C_f} \tag{6-2}$$

（3）因素重要性均值（M_i）。因素重要性均值是所有专家对某个因素重要性程度打分的平均值，M_i 值越高，说明该因素的重要性程度越大，一般要求 $M_i \geqslant 3.00$。假设 n_i 为对第 i 个因素指标进行有效评分的专家数量，S_{ij} 为第 j 位专家对第 i 个因素重要性程度的打分。则有

$$M_i = \frac{\sum_{j=1}^{n_i} S_{ij}}{n_i} \tag{6-3}$$

（4）因素变异系数（CV_i）。因素变异系数是指不同专家对同一因素指

标评分的差异性和波动性程度，体现了专家对同一因素指标重要性认知的一致性程度。CV_i 值越大说明专家对同一因素指标重要性程度的分歧越大，CV_i 值越小说明专家对同一因素指标重要性程度的认知趋于集中，一般要求 $CV_i \leqslant 0.25$。假设 SD_i 为第 i 个因素指标专家打分的标准差，则有

$$CV_i = \frac{SD_i}{M_i} \qquad (6-4)$$

三、专家调查实施

1. 专家选择

为了对候选因素进行修正和进一步筛选，提高因素的认同度和精准度，本书将采用以上设计的专家调查法对候选因素进行多轮匿名函询。为集思广益，体现专家观点的代表性和准确性，选取 36 位本领域专家，来自浙江、福建、广东、上海、江西等多个省份，地域具有广泛性；专家所在的单位有高校、科研院所、药企研发中心、卫健委等，机构具有广泛性；都具有高级职称或博士学位的一线科研人员或科研管理人员，具有丰富的科研经验和阅历。

2. 第一轮函询结果分析

将专家匿名函询问卷材料电子发送给 36 位专家，收回 28 份问卷材料，专家回应系数 0.78（>0.70），符合相应要求。28 位专家中有 5 位的专家可信系数小于 0.70，表明这 5 位专家的研究领域与应急科研协同创新影响因素差异较大，主观性和随机性较大，认知不够客观、真实和可靠，可能导致其对影响因素评分的可信性和准确性，因此将这 5 份问卷剔除。对剩余 23 份有效问卷进行统计分析，得到如表 6-2 所示的结果。启动应急科研项目和文化相似性与包容性的因素重要性均值只有 2.64 和 2.81，专家对这两个因素的重要性评价较低，其余因素的重要性均值均大于 3.00，均值为 3.87。启动应急科研项目、文化相似性与包容性、合作意愿与合作动力、知识转化能力 4 个因素的变异系数超过 0.25，专家对这 4 个因素的重要性评价分歧较大，其余因素的变异系数均小于 0.25，均值为 0.19。由此可见，

启动应急科研项目和文化相似性与包容性两个因素的重要性均值和变异系数均不符合要求，故将其删除，剩余因素暂时保留。

表6-2 第一轮匿名函询结果

维度	因素	代码	重要性均值	变异系数
感知识别能力	识别应急科研需求	A_1	3.92	0.22
	锚定应急科研方向	A_2	4.47	0.12
	启动应急科研项目	A_3	2.64	0.29
	搜寻合作对象	A_4	4.38	0.15
合作匹配能力	资源异质性	A_5	4.41	0.12
	合作意愿与合作动力	A_6	3.16	0.26
	协同创新能力	A_7	3.80	0.21
	分工与合作能力	A_8	3.93	0.20
	资源共享程度	A_9	3.75	0.22
学习应用能力	知识获取能力	A_{10}	4.09	0.15
	知识吸收能力	A_{11}	4.17	0.13
	知识转化能力	A_{12}	3.32	0.27
	知识创新能力	A_{13}	4.69	0.11
	知识应用能力	A_{14}	4.53	0.10
协调整合能力	沟通能力	A_{15}	3.86	0.22
	分歧处理能力	A_{16}	3.60	0.21
	关系维护能力	A_{17}	4.02	0.15
	文化相似性与包容性	A_{18}	2.81	0.31
	评价体系激励性	A_{19}	3.94	0.20
均值			3.87	0.19

3. 第二轮函询结果分析

根据第一轮函询结果修正候选因素，去除判断依据和熟悉程度选项，形成新的函询问卷材料，连同第一轮函询结果的统计数据一起发给23位可信专家，进行第二轮匿名函询。收回函询问卷23份，所有问卷均符合要求。

对问卷进行统计分析，得到如表 6 - 3 所示的结果。除了合作意愿与合作动力因素的重要性均值只有 2.95，低于要求值 3.00 外，其他因素的重要性均值都大于 3.00，均值为 4.08，比第一轮上升了 0.21。合作意愿与合作动力、知识转化能力这两个因素的变异系数依然不低于 0.25，其他因素的变异系数都低于 0.25，均值为 0.14，比第一轮下降了 0.05。综合以上数据，将合作意愿与合作动力删除，剩余因素保留。

表 6 - 3　　　　　　　　　　第二轮匿名函询结果

维度	因素	代码	重要性均值	变异系数
感知识别能力	识别应急科研需求	A_1	4.07	0.16
	锚定应急科研方向	A_2	4.52	0.12
	搜寻合作对象	A_4	4.46	0.14
合作匹配能力	资源异质性	A_5	4.59	0.12
	合作意愿与合作动力	A_6	2.95	0.26
	协同创新能力	A_7	3.81	0.19
	分工与合作能力	A_8	3.88	0.17
	资源共享程度	A_9	4.04	0.16
学习应用能力	知识获取能力	A_{10}	4.20	0.13
	知识吸收能力	A_{11}	4.13	0.11
	知识转化能力	A_{12}	3.61	0.25
	知识创新能力	A_{13}	4.75	0.08
	知识应用能力	A_{14}	4.58	0.07
协调整合能力	沟通能力	A_{15}	3.92	0.11
	分歧处理能力	A_{16}	3.76	0.14
	关系维护能力	A_{17}	4.17	0.10
	评价体系激励性	A_{19}	3.95	0.13
均值			4.08	0.14

4. 第三轮函询结果分析

在第二轮匿名函询后，进一步修正候选因素，重复第二轮匿名函询做法，开展第三轮匿名函询。23 位函询专家的问卷均收回且有效，统计结果如表 6 - 4 所示（因为因素调整，符号重新编排）。所有因素的重要性均值都超过了 3.00，且比第二轮函询结果有所提升；所有因素的变异系数也都低于 0.25，与第二轮函询结果有所降低。鉴于第三轮匿名函询的各项指标数据都满足要求，收敛性较好，专家匿名函询结束。

表 6 - 4   第三轮匿名函询结果

维度	因素	代码	重要性均值	变异系数
感知识别能力	识别应急科研需求	A_1	4.11	0.14
	锚定应急科研方向	A_2	4.56	0.09
	搜寻合作对象	A_3	4.48	0.13
合作匹配能力	资源异质性	A_4	4.61	0.12
	协同创新能力	A_5	3.87	0.16
	分工与合作能力	A_6	3.93	0.14
	资源共享程度	A_7	4.15	0.11
学习应用能力	知识获取能力	A_8	4.22	0.10
	知识吸收能力	A_9	4.18	0.11
	知识转化能力	A_{10}	3.65	0.17
	知识创新能力	A_{11}	4.75	0.08
	知识应用能力	A_{12}	4.61	0.07
协调整合能力	沟通能力	A_{13}	3.96	0.10
	分歧处理能力	A_{14}	3.84	0.13
	关系维护能力	A_{15}	4.22	0.09
	评价体系激励性	A_{16}	4.17	0.12
均值			4.21	0.12

四、应急科研协同创新影响因素体系构建

在专家匿名函询的基础上，对影响因素进行信效度检验，Cronbach's α =

0.763（>0.700），因素量表的信度良好，可信度强。同时编制"应急科研协同创新影响因素效度分析"问卷表，将因素的相关性设置为四等级，分别为强相关、较相关、弱相关和不相关，分别赋值4、3、2、1。将问卷表再次发给第三轮匿名函询专家，23位专家对16个因素都进行了有效评分，总评分数为368次，得分均为4或3，计算得到 $S - CVI/Ave = 0.938$（>0.900），因素量表的内容效度良好。因此，本研究的因素量表在信度和效度方面均可靠，表6-4的因素集构成应急科研协同创新的影响因素体系。

第三节　应急科研协同创新综合影响矩阵分析

一、DEMATEL 介绍

1. DEMATEL 方法简介

决策实验室法（decision making and trial evaluation laboratory，DEMATEL），是1971年巴特尔（Battelle）提出的一种经典群决策方法，该方法以图论和矩阵工具为基础进行系统因素分析，广泛应用于解决现实世界中因素众多、层次复杂、理解困难的实践问题。尤其是用来处理基于对一个问题的因素间两两影响关系的方向和程度的判断，利用一定的矩阵运算方法计算出元素间的因果关系，并以数字表示因果影响的强度，从而帮助认识复杂问题的网络结构关系和因果逻辑关系。DEMATEL法通过定量分析系统中各个因素之间的逻辑关系，建立直接影响矩阵，规范化处理后得到规范影响矩阵，然后计算综合影响矩阵，以及每个因素的"四度"，即影响度、被影响度、中心度和原因度，并依据所计算的中心度和原因度绘制出系统的因果关系图，依据定量的数字计量严谨地揭示和刻画系统的结构关系。

2. DEMATEL 方法的起源与发展

早在20世纪60年代，就有专家和学者提出了群决策的理念和想法。然而，由于学者们研究视角和角度各不相同，并且群决策本身内部存在复杂性、学科跨界交叉等特点，使得群决策模型各不相同，且研究进展较为缓慢。因此，直到今天相关的研究人员还未对群决策的概念和内涵形成统一的认识和理解。群决策模型的理念是团队成员们力求达到观点一致，且超过了合理评价备选方案的需求，最终表现为一种群决策的思维模式。群体思维的过程涉及群体的内部与外部两个方面，并且随着相关变量的变化而发生动态演化。从内部角度看，群决策受到群体因素中个体的特点、要素的联系、群体的变化发展过程以及推进的水平等变量因素的影响；从外部角度看，它与非心理因素相关的变量有关，比如环境特点、任务特点等。有学者认为，群决策是一种群体偏好秩序，它将不同团队成员集中起来，针对具体的问题和方案进行有规则、有规律的聚集。有学者认为群决策最大的特点在于参与人员较多，当意见出现偏差或者分歧的情况下，可以通过统计结果的收敛性帮助决策者作出统一、高效的选择。

巴特尔提出 DEMATEL 以后，最早被应用在人口饥饿问题、环境污染问题、能源危机问题的研究中，取得良好的理论研究和实践探索效果，此后其应用的领域和范畴不断拓展，影响力越来越大，成为一种常用的定量分析和评价方法，也是一种经典的群决策理论、工具和方法，这种方法论是以图论与矩阵工具为基础进行系统要素分析，被广泛应用于解决现实世界中因素众多、层次复杂、理解困难的实践问题。

随着我们认识世界的不断深入，研究问题复杂性越来越高，用传统的定量分析工具难以起到好的效果时，DEMATEL 法的优势逐渐被专家和学者们所认知，并引起关注，特别是进入 20 世纪 90 年代以后，DEMATEL 法的应用越来越广泛，尤其是在针对复杂系统进行系统评价和影响因素识别方面有着十分重要而有效的应用。且随着人们对 DEMATEL 方法认识的深入，为了更好地发挥其优势，得到更理想的分析结果，DEMATEL 方法常与AHP、ANP、FAHP、FANP 等方法结合使用，从而对 DEMATEL 法进行了改进和改良，使得 DEMATEL 法具有更强的适应性和更广的应用情境。DEMA-TEL 法的应用主要集中在系统评价、系统影响因素识别等领域，在系统评价方面，将所考虑的要素作为系统评价的指标，通过 DEMATEL 法计算系统每个要素的中心度，用中心度的大小来刻画要素的重要性程度，以此计算要素的权重，得到系统的评价指标体系；在系统影响因素识别方面，通过中心度和原因度这两个指标来表征各要素的影响程度以及影响类别，影响程度可以分为强影响和弱影响，影响类别可以分为原因型要素和结果型要素。

3. DEMATEL 方法的主要概念

在 DEMATEL 方法中，主要有直接影响矩阵、综合影响矩阵、规范影响矩阵、影响度、被影响度、中心度、原因度等概念。

直接影响矩阵是所分析系统要素与要素之间的联系的表征形式，DEMATEL 方法是一种系统分析方法，认为组成系统的各要素之间是相互影响和相互联系的，构成一个统一的整体。在获取 DEMATEL 方法的直接影响矩阵时，通常包括以下三步计算过程：（1）分析系统的所有构成要素，并将这些要素进行界定和清晰表达出来；（2）确定要素之间的二元关系，通过要素与要素之间的两两比较确定它们之间的直接影响关系，比如对于 S_i 与 S_j 两个要素，需要比较 S_i 对 S_j 的直接影响，也要比较 S_j 对 S_i 的直接影响，而要素对自身的直接影响规定为 0，这样对于一个含有 n 个要素的系统来说，其直接影响矩阵需要比较 $n(n-1)$ 次直接影响关系；（3）确定关系强弱的度量方法，通常有两种关系强弱的度量标准，一是 10 级标度，用 $0 \sim 9$ 这十个数来度量，二是 5 级标度，用 $0 \sim 4$ 这五个数来度量。实践中常使用 5 级标度，且 5 级分别表示要素之间的影响关系为：没有影响、较小影响、一般影响、较大影响、非常大影响，直接影响矩阵记为 $\boldsymbol{D}$。直接影响矩阵进行归一化处理后得到规范影响矩阵，通常记为 $\boldsymbol{X}$。

综合影响矩阵用于表示系统各要素之间的相互影响关系和程度，既包括要素之间的直接影响关系，也包括要素之间的间接影响关系，通常记为 $\boldsymbol{T}$。对于规范影响矩阵而言，其存在的一个特征就是无限自乘后将会趋近于零阵，即

$$\lim_{n \to \infty} \boldsymbol{X}^n = 0 \tag{6-5}$$

规范影响矩阵的自乘表示系统各要素之间增加的间接影响程度，而综合影响矩阵等于系统各要素之间所有直接影响和间接影响的累积，即

$$\boldsymbol{T} = \sum_{n=1}^{\infty} \boldsymbol{X}^n = \boldsymbol{X}(\boldsymbol{I} - \boldsymbol{X})^{-1} \tag{6-6}$$

影响度是系统中每一要素对所有其他要素的综合影响程度，通常记为 d，其计算方法是将综合影响矩阵 $\boldsymbol{T}$ 每一要素对应行元素求和。

$$d_i = \sum_{j=1}^{n} t_{ij} \quad (i = 1, 2, \cdots, n) \tag{6-7}$$

被影响度是系统中每一要素受到所有其他要素的综合影响程度，通常记为 r，其计算方法是将综合影响矩阵 $\boldsymbol{T}$ 每一要素对应列元素求和。

$$r_j = \sum_{i=1}^{n} t_{ij} \quad (j = 1, 2, \cdots, n) \tag{6-8}$$

中心度是系统中每个要素在整个要素集中的位置及其所起到作用的大小，通常记为 M，其计算方法是用其影响度与被影响度的和来表示，即

$$M_j = d_i + r_i \tag{6-9}$$

原因度是对系统中每个要素对其他要素的影响程度与受其他要素影响程度的比较，用于从整体上判断该要素属于原因型要素还是结果型要素，如果影响度大于被影响度，称之为原因型要素，否则称之为结果型要素。通常记为 R，其计算方法是用其影响度与被影响度的差来表示，即

$$R_j = d_i - r_i \tag{6-10}$$

4. DEMATEL 方法的步骤

DEMATEL 方法在实施时通常分以下五个步骤。

（1）界定研究系统的边界，确定系统研究目标，选取系统研究的各指标或要素，量化各要素之间的相互影响关系，得到直接影响矩阵 $\boldsymbol{A}$。

（2）对直接影响矩阵进行归一化处理，得到规范影响矩阵 $\boldsymbol{X}$。

（3）计算综合影响矩阵 $\boldsymbol{T}$。

（4）由综合影响矩阵计算每个要素的影响度 d、被影响度 r、中心度 M 和原因度 R。

（5）依据中心度和原因度绘制因果关系图 IRM，并对其进行说明和阐释。

二、实证演算

1. 数据收集与直接影响矩阵 A

将衡量应急科研协同创新各因素间的影响强度分为强影响、较强影响、一般影响、较弱影响和无影响五个等级，分别赋值 5、4、3、2 和 1。编写

"应急科研协同创新影响因素间影响强度问卷",再次邀请第三轮匿名函询的 23 位专家进行评分,收回 21 份有效。

对问卷数据进行统计后,即可得到直接影响矩阵 $A = \left[a_{ij} \right]_{n \times n}$,$a_{ij}$ 表示因素 A_i 对因素 A_j 的直接影响程度,当 $i = j$ 时,$a_{ii} = 0$,n 为因素数量,本书 $n = 16$。由此构建的直接影响矩阵如表 6 – 5 所示。

表 6 – 5 　　　　　　　　　　　　直接影响矩阵

因素	A_1	A_2	A_3	A_4	A_5	A_6	A_7	A_8	A_9	A_{10}	A_{11}	A_{12}	A_{13}	A_{14}	A_{15}	A_{16}
A_1	0	4.37	3.82	2.56	1.93	2.11	2.24	3.25	2.62	2.39	3.76	2.14	1.77	1.91	1.83	2.25
A_2	3.65	0	4.72	4.18	2.77	2.43	3.86	4.01	3.39	2.80	3.14	3.63	2.06	1.81	1.94	2.18
A_3	3.82	4.27	0	4.74	4.59	4.35	4.42	4.21	4.06	4.14	3.97	4.01	4.45	3.82	4.34	3.59
A_4	3.26	3.51	3.74	0	3.87	4.68	4.33	4.48	4.30	3.82	4.36	4.18	3.95	3.61	4.08	3.76
A_5	3.57	3.24	3.71	2.88	0	4.52	4.55	4.14	3.82	3.69	4.07	3.85	4.32	4.48	4.53	3.61
A_6	3.71	2.88	4.15	4.23	4.36	0	4.69	3.92	3.54	3.77	4.13	3.67	4.58	4.22	4.40	3.36
A_7	2.94	3.82	3.67	4.31	4.52	4.38	0	4.55	4.10	3.84	4.29	4.13	4.02	3.86	3.71	2.74
A_8	4.38	4.35	4.13	3.87	2.61	3.74	3.91	0	4.38	3.71	4.06	4.22	3.27	2.74	2.38	1.87
A_9	3.63	3.79	3.26	3.83	3.268	2.52	3.46	4.02	0	4.25	4.69	4.34	2.16	1.92	2.05	2.51
A_{10}	2.29	2.56	2.72	2.38	2.64	2.88	2.55	3.79	3.91	0	4.32	3.87	2.60	1.67	1.84	2.17
A_{11}	3.84	3.51	2.44	3.15	2.32	3.17	2.86	4.42	4.36	3.85	0	4.51	2.14	1.82	2.09	2.25
A_{12}	3.62	3.36	2.79	2.53	2.28	2.14	2.40	3.78	4.14	3.82	4.25	0	1.78	1.95	2.14	2.37
A_{13}	3.17	2.63	4.21	2.76	4.21	4.38	3.69	3.92	2.47	3.18	2.83	0	4.72	4.60	3.62
A_{14}	1.61	1.85	2.08	2.33	3.79	3.94	3.65	2.88	2.25	2.14	2.31	1.77	3.86	0	4.68	3.65
A_{15}	2.44	2.27	4.21	3.56	3.87	4.32	4.19	3.63	2.47	2.26	2.48	2.05	3.72	4.15	0	2.33
A_{16}	2.67	2.85	3.72	2.28	3.81	4.15	4.37	3.44	3.15	2.89	3.62	2.71	3.18	3.33	3.58	0

2. 规范化矩阵 X

对直接影响矩阵 A 进行归一化处理,即可得到规范化矩阵 X,规范化矩阵可以统一量纲,不同因素间的影响可以进行比较。其计算公式为

$$X = \frac{a_{ij}}{\max\limits_{1 \leqslant i \leqslant n} \sum\limits_{j=1}^{n} a_{ij}} \qquad (6-11)$$

3. 综合影响矩阵 _T_

因素之间的影响不仅包括直接影响，还包括间接影响。综合影响矩阵可以体现出因素之间的直接影响关系和间接影响关系。假设 _E_ 为单位矩阵，其计算公式为

$$T = \frac{E}{X(E-X)} \qquad (6-12)$$

4. 综合影响关系

在综合影响矩阵的基础上，可以计算因素间的影响度 _e_、被影响度 _d_、中心度 _c_ 和原因度 _r_。影响度是某因素对其他因素的综合影响程度之和，被影响度是其他因素对某因素的综合影响程度之和，中心度是影响度与被影响度之和。原因度是影响度与被影响度之差，是体现某因素对其他因素的影响情况，用于区分原因因素和结果因素，当原因度大于 0 时，表明该因素是原因因素，其对其他因素的综合影响大于其他因素对它的综合影响；当原因度小于 0 时，表明该因素是结果因素，其对其他因素的综合影响小于其他因素对它的综合影响。它们的计算公式分别为

$$e_i = \sum_{j=1}^{n} T_{ij} \quad (i=1,\ 2,\ \cdots,\ n) \qquad (6-13)$$

$$d_i = \sum_{j=1}^{n} T_{ji} \quad (i=1,\ 2,\ \cdots,\ n) \qquad (6-14)$$

$$c_i = e_i + d_i \quad (i=1,\ 2,\ \cdots,\ n) \qquad (6-15)$$

$$r_i = e_i - d_i \quad (i=1,\ 2,\ \cdots,\ n) \qquad (6-16)$$

本节影响度、被影响度、中心度和原因度"四度"的计算结果如表 6-6 所示。

表 6-6 综合影响关系

因素	影响度	被影响度	中心度	原因度	因果属性
A_1	2.057	1.629	3.686	0.428	原因因素

因素	影响度	被影响度	中心度	原因度	因果属性
A_2	1.834	2.347	4.181	-0.513	结果因素
A_3	2.346	1.522	3.868	0.824	原因因素
A_4	2.139	1.473	3.612	0.666	原因因素
A_5	1.631	2.985	4.616	-1.354	结果因素
A_6	1.306	1.422	2.728	-0.116	结果因素
A_7	1.863	1.379	3.242	0.484	原因因素
A_8	1.481	1.905	3.386	-0.424	结果因素
A_9	1.267	2.383	3.65	-1.116	结果因素
A_{10}	1.282	1.645	2.927	-0.363	结果因素
A_{11}	2.722	1.557	4.279	1.165	原因因素
A_{12}	1.957	2.358	4.315	-0.401	结果因素
A_{13}	1.517	1.252	2.769	0.265	原因因素
A_{14}	1.285	1.166	2.451	0.119	原因因素
A_{15}	1.918	1.484	3.402	0.434	原因因素
A_{16}	2.413	2.016	4.429	0.397	原因因素

三、因果关系分析

以表6-5的数据为基础，中心度作为横轴，原因度作为纵轴，绘制因果关系图，如图6-1所示。识别应急科研需求（A_1）、搜寻合作对象（A_3）、资源异质性（A_4）、资源共享程度（A_7）、知识创新能力（A_{11}）、沟通能力（A_{13}）、分歧处理能力（A_{14}）、关系维护能力（A_{15}）、评价体系激励性（A_{16}）九个因素的原因度大于零，属于原因型指标因素。其中评价体系激励性（A_{16}）、知识创新能力（A_{11}）、搜寻合作对象（A_3）、识别应急科研需求（A_1）、资源异质性（A_4）五个原因因素的中心度较大，属于关键性原因因素，位于图6-1的第一象限；关系维护能力（A_{15}）、资源共享程度（A_7）、沟通能力（A_{13}）、分歧处理能力（A_{14}）四个原因因素的中心度较小，属于一般性原因因素，位于图 6-1 的第二象限。协同创新能力（A_5）、知识吸收能力（A_9）、锚定应急科研方向（A_2）、知识获取能力（A_8）、知识应用能力（A_{12}）、知识转化能力（A_{10}）、分工与合作能力（A_6）七个结果因素的原因度小于零，属于结果型指标因素。其中协同创新能力（A_5）、知识应用能力（A_{12}）、锚定应急科研方向（A_2）、知识吸收能力（A_9）四个结果因素的中心度较大，属于关键性结果因素，位于因果关系图的第四象限；知识获取能力（A_8）、知识转化能力（A_{10}）、分工与合作能力（A_6）三个结果因素的中心度较小，属于一般性结果因素，位于图 6-1 的第三象限。

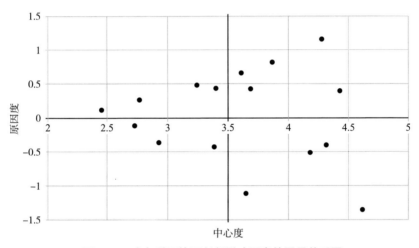

图 6-1　应急科研协同创新影响因素的因果关系图

第四节　应急科研协同创新影响因素
多级递阶结构模型构建

一、解释结构模型

解释结构模型（interpretative structural modeling，ISM）是美国学者华费

尔特（John Warfield）提出的一种复杂社会经济系统的结构分析模型。该模型可用于分析复杂动态系统不同层面的结构，可以在无序、离散的众多因素之间找到其内在的规律和层次结构。通过将复杂的现实社会系统分解成若干子系统（要素），运用人们的认知结构、实践经验和矩阵运算，以最简有向拓扑图形式将系统构造成一个多级递阶的结构模型。在实际应用中，经济结构模型的作用主要体现在以下三个方面。

一是识别系统各因素之间的关联关系，解释结构模型的综合影响矩阵可以直观地体现出各因素之间的直接影响关系和间接影响关系，从而反映出该因素在系统各因素中的地位和重要性。

二是分析系统因素的整体结构，通过解释结构模型的多级递阶拓扑结构图可以清楚地了解系统结构。

三是探寻影响系统的本质、根源与深层因素，通过解释结构模型的多级递阶拓扑结构图可以直观地展现系统各因素之间的作用机理和逻辑关联，识别影响系统的本质、根源与深层因素。解释结构模型方法被广泛应用于复杂动态系统内在影响因素的研究中，并取得良好的应用效果。

本书将应急科研协同视为复杂、动态系统，在综合影响矩阵分析的基础上，运用解释结构模型，分析应急科研协同影响因素之间的逻辑关系和逻辑层次，绘制多级递阶拓扑结构图，直观刻画各影响因素之间的内在关联和逻辑层次。

二、可达矩阵 W

综合影响矩阵的计算 T 没有考虑各因素对自身的影响，因此将综合影响矩阵 T 加上单位矩阵 E，得到整体影响矩阵 W，其计算公式为

$$W = T + E \qquad\qquad (6-17)$$

由于决策实验室法采用五级量表刻画因素间的影响关系，而解释结构模型使用 1 和 0 的二分法表示因素间有无影响关系，为了将整体影响矩阵转化为可达矩阵，本书借鉴白如江等（2023）的做法，通过引入阈值 γ 来划分因素之间的强影响和弱影响关系。计算综合影响矩阵 T 各数值的均值 $\mu = 0.458$ 和标准差 $\sigma = 0.103$，设置阈值计算公式为

$$\gamma = \mu + \sigma = 0.561 \qquad (6-18)$$

在整体影响矩阵中，当影响关系值大于等于阈值 γ 时，视其有影响关系，赋值"1"；反之，当影响关系值小于阈值 γ 时，视其没有影响关系，赋值"0"，即可得可达矩阵 K，其计算公式为

$$K_{ij} = \begin{cases} 1, & W_{ij} \geqslant \gamma \\ 0, & W_{ij} < \gamma \end{cases} \quad (i=1, 2, \cdots, n, j=1, 2, \cdots, n) \quad (6-19)$$

按照以上计算式，得到应急科研协同创新影响因素系统的可达矩阵如表 6-7 所示。

表 6-7 可达矩阵

因素	A_1	A_2	A_3	A_4	A_5	A_6	A_7	A_8	A_9	A_{10}	A_{11}	A_{12}	A_{13}	A_{14}	A_{15}	A_{16}
A_1	1	0	1	0	1	0	0	0	0	0	0	0	0	0	0	0
A_2	0	1	0	0	1	0	0	0	0	0	0	0	0	0	0	0
A_3	0	0	1	0	1	1	1	0	0	0	0	0	1	1	0	0
A_4	0	0	1	1	1	0	0	0	0	0	0	0	0	0	1	0
A_5	0	0	0	0	1	0	0	0	0	0	0	0	0	0	0	0
A_6	0	0	0	0	1	1	0	0	0	0	0	0	0	0	0	0
A_7	0	0	0	0	1	1	1	0	1	1	0	0	0	0	0	0
A_8	0	1	0	0	1	0	0	1	1	1	0	0	0	0	0	0
A_9	0	0	0	0	1	0	0	0	1	0	0	0	0	0	0	0
A_{10}	0	0	0	0	1	0	0	0	0	1	0	0	0	0	0	0
A_{11}	0	1	1	0	0	0	0	1	0	0	1	0	0	0	0	0
A_{12}	0	0	0	0	0	0	0	0	0	0	0	1	0	0	0	0
A_{13}	0	0	0	0	1	1	0	0	0	0	0	0	1	0	0	0
A_{14}	0	0	0	0	1	1	0	0	0	0	0	0	0	1	0	0
A_{15}	0	0	0	0	1	0	1	1	0	0	0	0	1	1	1	0
A_{16}	0	0	0	0	0	0	0	0	0	0	0	0	0	0	1	1

三、多级递阶结构模型

依据可达矩阵，可以分别计算可达集 L、先行集 F 和交集 I。可达集 L 是可达矩阵中每一因素 A_i 所在行中值为 1 的列元素组成的集合，A_i 能到达集合中所有元素；先行集 F 是可达矩阵中每一因素 A_i 所在列中值为 1 的行元素组成的集合，集合中所有元素都能到达 A_i；交集 I 是可达集 L 与先行集 F 的交集。其计算表达式为

$$L(A_i) = \{A_j \,|\, A_j \in A \text{ 且 } K_{ij} = 1\} \quad (i = 1, 2, \cdots, n) \qquad (6-20)$$

$$F(A_i) = \{A_j \,|\, A_j \in A \text{ 且 } K_{ji} = 1\} \quad (i = 1, 2, \cdots, n) \qquad (6-21)$$

$$I(A_i) = L(A_i) \cap F(A_i) \quad (i = 1, 2, \cdots, n) \qquad (6-22)$$

按照以上计算式，可得本章所讨论问题的可达集 L、先行集 F 和交集 I，如表 6-8 所示。

表 6-8 可达集 L、先行集 F 和交集 I 列表

因素	可达集 L	先行集 F	交集 I
A_1	A_1、A_3、A_5	A_1	A_1
A_2	A_2、A_5	A_2、A_8、A_{11}	A_2
A_3	A_3、A_5、A_6、A_7、A_{13}	A_1、A_3、A_4、A_{11}	A_3
A_4	A_3、A_4、A_5、A_{15}	A_4	A_4
A_5	A_5	A_1、A_2、A_3、A_4、A_5、A_6、A_7、A_8、A_9、A_{10}、A_{11}、A_{13}、A_{14}、A_{15}、A_{16}	A_5
A_6	A_5、A_6	A_3、A_6、A_7、A_{13}、A_{14}	A_6
A_7	A_5、A_6、A_7、A_9、A_{10}	A_3、A_7、A_{15}	A_7
A_8	A_2、A_5、A_8、A_9、A_{10}	A_8、A_{11}、A_{15}	A_8
A_9	A_5、A_9	A_7、A_8、A_9	A_9
A_{10}	A_5、A_{10}	A_7、A_8、A_{10}	A_{10}
A_{11}	A_2、A_3、A_5、A_8、A_{11}	A_{11}	A_{11}
A_{12}	A_{12}	A_{12}	A_{12}
A_{13}	A_5、A_6、A_{13}	A_3、A_{13}、A_{15}	A_{13}

续表

因素	可达集 L	先行集 F	交集 I
A_{14}	A_5、A_6、A_{14}	A_3、A_{14}、A_{15}	A_{14}
A_{15}	A_5、A_7、A_8、A_{13}、A_{14}、A_{15}	A_{14}、A_{15}、A_{16}	A_{15}
A_{16}	A_5、A_{15}、A_{16}	A_{16}	A_{16}

当可达集 $L(A_i)$ 与交集 $I(A_i)$ 相同时，说明可达集 $L(A_i)$ 中的所有因素 A_i 都能在其对应的先行集 $F(A_i)$ 中找到前因，将 A_i 划入多级递阶结构模型的最顶层 M_1。然后在可达集 $L(A_i)$ 和交集 $I(A_i)$ 中删除已经划入 M_1 层的因素，得到新的可达集 $L_1(A_i)$ 和交集 $I_1(A_i)$，重新检验可达集 $L_1(A_i)$ 是否与交集 $I_1(A_i)$ 相同，将符合条件的因素划入多级递阶结构模型的次顶层 M_2。重复以上步骤，直至所有因素都被划入相应的层级，多级递阶结构模型构建完成。依此方法，本章构建的应急科研协同创新影响因素的多级递阶拓扑结构如图 6-2 所示。由图 6-2 可知应急科研协同创新影响因素划分为五个层级，分别是 M_1、M_2、M_3、M_4、M_5，这五个层级又可以进一步分为浅表层、过渡层和本质层。其中浅表层由 M_1 层级构成，包括协同创新能力（A_5）和知识应用能力（A_{12}）两个因素组成，是应急科研协同创新的直接影响因素；过渡层由 M_2、M_3、M_4 三个层级构成，包括锚定应急科研方向（A_2）、分工与合作能力（A_6）、知识吸收能力（A_9）、知识转化能力（A_{10}）、知识获取能力（A_8）、资源共享程度（A_7）、沟通能力（A_{13}）、分歧处理能力（A_{14}）、关系维护能力（A_{15}）、搜寻合作对象（A_3）十个因素组成，是应急科研协同创新的间接影响因素；本质层由 M_5 层级构成，包括识别应急科研需求（A_1）、资源异质性（A_4）、知识创新能力（A_{11}）、评价体系激励性（A_{16}）四个因素组成，是应急科研协同创新的本质因素，是影响应急科研协同创新的根源和关键因素。

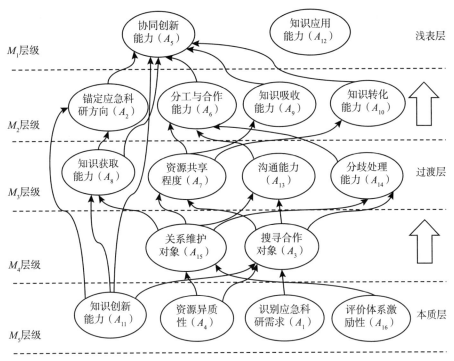

图6-2 应急科研协同创新影响因素多级递阶拓扑结构

第五节 结论与建议

一、研究结论

在突发事件情境下，多主体联合开展应急科研协同创新可以提升应急科研攻关的快速响应和精准研发，快速产出科研成果，为突发事件的防控提供科学方案和科学方法。本章从动态能力视角下探索应急科研协同创新的关键影响因素，以及探究各影响因素之间的内在逻辑关系和层次关系，探寻影响应急科研协同创新最关键、最本质和最根源的因素，得出以下研究结论。

（1）运用多轮专家匿名函询法构建和筛选应急科研协同创新影响因素体系，选取 16 个影响因素集，并从动态能力视角将这些因素划分为感知识别能力、合作匹配能力、学习应用能力和协调整合能力四个维度。

（2）采用决策实验室法生成直接影响矩阵和综合影响矩阵，计算各因素的影响度、被影响度、中心度和原因度，绘制因果关系图，识别影响因素的因果属性及其重要性程度，属于原因属性且中心度大的因素即为应急科研协同创新的关键影响因素。

（3）利用解释结构模型构建应急科研协同创新影响因素的多级递阶拓扑结构模型，将影响因素划分为五个层级、三个层次（浅表层、过渡层和本质层），分别属于应急科研协同创新的直接影响因素、间接影响因素和根源影响因素，明晰了影响因素间的逻辑关系和层次关系，为提高应急科研协同创新绩效提供了努力的方向和思路。

二、对策与建议

根据以上研究结论，结合突发事件情境下应急科研协同攻关的动态能力需求，提出以下对策与建议。

1. 精准响应应急科研需求，提升感知识别能力

在突发事件情境下，要坚持向科学要答案、要方法，要充分发挥应急科研攻关对突发事件防控的关键作用。鉴于应急科研攻关任务的紧急性、时效性和周期性，快速响应和精准研发成为应急科研攻关的第一要务。应急科研相关组织和机构要不断提升对外界环境变化的感知识别能力，动态预警和适时捕捉突发事件爆发的苗头，当突发事件一旦萌芽，及时和全面洞察相关资讯和信息，关注政府政策和业界动向，研判本组织和机构参与应急科研攻关的可能性和可行性。如果决定介入应急科研攻关任务，就要快速进行响应，从组织内部和外部抽调具有应急科研协同创新和攻关经验的管理人员和科研骨干，采用柔性且敏捷的原则组建应急科研攻关团队，快速且主动开展应急科研攻关的准备工作。依据组织和机构自身的资源和优势，结合突发事件产生的应急科研攻关需求，精准对接应急科研攻关的

方向和领域，快速且精准作出启动应急科研攻关项目的决策。因此，相关部门和机构应该不断增强突发事件的敏感度和预见性，提升感知因突发事情引发应急科研创新和攻关需求的能力，一旦突发事情发生，为快速响应突发事情做好预期准备。

2. 快速寻求优质协同主体，提高合作匹配能力

应急科研攻关任务的紧急属性，迫切期望应急科研活动能够快速产出科研创新成果，及时助力突发事件的防控工作，为突发事件防控提供科学方法和科学方案。突发、紧急的科研创新任务通常很难由一家组织或机构独立完成，需要联合多家组织和机构，整合各自优势资源，取长补短，协同开展应急科研创新工作，才能缩短研发周期，提高研发质量。应急科研攻关核心组织（机构）要重视寻找合适且优质的合作主体，确保能够协同、有序、高效地开展应急科研创新工作。

一是重视各主体之间资源的异质性，相互合作后能够补短板、补缺陷和补资源，为应急科研协同创新工作提供资源保障，特别是针对研发难度大的应急科研创新和攻关项目，通过多元主体整合、配置和重构科研创新和攻关资源，是确保应急科研创新和攻关项目能够顺利推进的保障。

二是关注各主体之间开展应急科研合作的经验和意愿，应该优先选择具有丰富的跨组织开展科研合作且取得成功经验的组织和机构，且有强烈的参与应急科研协同创新合作的意愿，具有团队意识和合作精神，只有那些具有合作意愿和合作意识的科研组织，才会在应急科研创新和攻关进程中，保持持续的动力和维持较高的努力程度。

三是应急科研协同创新主体间具有相近的组织文化和价值取向，降低合作过程中的沟通成本，减少沟通障碍，当不同科研主体文化和行为习惯迥异时，容易造成冲突和矛盾，如果这些冲突和矛盾无法调和与化解，将极大地影响应急科研协同创新和攻关的效率和效果，甚至会导致应急科研创新和攻关项目的失败。

3. 有效整合知识创新资源，强化学习应用能力

在突发事件情境下，由于时间急迫，开展开创性的理论基础创新通常很难，关键还是要在技术创新和应用创新方面下功夫。

一是全面、高效整合现有的知识创新资源，要在广泛、全面获取相关知识的基础上，对相关知识进行整理、筛选，对有价值的知识进行吸收和再加工，转化为对应急科研创新有用的新知识；特别是各主体由于知识结构的差异性，一定要实现合作主体内部知识和信息等资源的无障碍共享，然后再整合外部的知识和信息等资源。

二是重视理论、知识和技术的转移与跨界应用，突发事件是新情况、新问题、新场景，要重视现有理论、知识和技术在新情况、新问题和新场景中创新性的转移与跨界应用，拓展理论、知识和技术的应用边界和场景，并快速达成应急科研协同创新的成果产出。

三是要不断强化和提高学习应用能力，营造良好的学习环境和氛围，构建学习型组织，尤其是要根据时代的变迁和外部环境的变化，要持续学习本专业和领域的新理论、新知识和新技术。

4. 构建科学的评价激励体系，增强协调整合能力

不同的组织和机构，合作开展应急科研协同创新工作，不仅是在突发事件情境下的社会责任感和历史使命感使然，而且也要考量组织和机构自身的利益和收益。

一是应急科研协同创新主体应该在合作之前就签订合作契约，在成本分担和利益共享的原则下，建立应急科研协同创新主体之间的合作框架，使各主体成为利益共同体，为了一致的目标和共同的利益诉求，大家劲往一处使，增加合作的内驱力。

二是要构建科学、合理、公正的评价体系，对应急科研协同创新项目的评价要以结果为导向，兼顾过程评价；要以项目的成果、绩效和产生的利益为导向，也要兼顾社会效用和突发事件防控的社会责任；要突出衡量各主体的努力和贡献，也要重视评价体系的激励性和鼓励性，激发各主体和各研发人员的积极性、主动性和创造性。

三是加强应急科研协同创新进程中的配合与协调，建立既明确分工又通力合作的协同模式，提高应急科研协同创新的效率，实现"$1+1>2$"的协同效应。

第七章 应急科研协同创新的
联动机制

第一节 联动机制的框架体系

一、构建应急科研协同创新联动机制的重要性

应急科研协同创新和攻关离不开多主体、多层次、多领域、多资源之间的联系与联动。联动是应急科研协同创新和攻关的基础和前提，只有应急科研协同创新系统内各主体之间不断加强互动和联动，才能形成目标一致、行动统一、运作高效、资源共享的应急科研协同创新系统，为应急科研协同创新提供动力和保障，推动应急科研协同创新活动的有序与高效开展，实现应急科研创新和攻关的快速响应与精准研发，因此，构建完整、系统的联动机制，对于推动和促进应急科研协同创新和攻关具有十分重要的作用和意义。

1. 构建应急科研协同创新的联动机制是实现应急科研创新目标的前提与条件

应急科研协同创新系统是一个跨组织、跨领域、跨学科的协同体，各科研主体基于应急科研需求的紧急性、应急科研目标的趋同性和应急科研资源的异质性等因素，使得各科研主体迅速聚集在一起，合作开展应急科

研协同创新和攻关工作，但是在缺乏有效合作机制和联动机制的情况下，合作难以形成有序和良序的状态，更多的时候是处于无序状态，导致应急科研创新和攻关效率低下，难以聚焦应急科研协同创新和攻关的快速响应和精准研发目标。为此，需要通过打破不同组织和不同主体之间的本位主义和保护主义，从整体性、全局性、动态性和合作性的视角对应急科研协同创新系统内的联系和互动进行规范化、制度化和体系化，形成合力，尽量避免出现无序的联系与互动从而产生内耗和低效。要使应急科研协同创新系统从初级到高级、从无序到有序、从竞争到协作的动态演化，形成"互惠共生、协作共赢"的良好局面，构建"1＋1＞2"的内生增长机制，必须构建应急科研协同创新的联动机制，只有构建了全面、系统、完善的联动机制，应急科研协同创新和攻关才具备坚实的研发基础和充足的研发动力。为此，应急科研协同创新系统需要规范的协同制度、有效的协同机制和强力的保障措施才能确保应急科研协同创新和攻关进程中各项研发任务的稳步和持续推进，达成快速响应和精准研发的双重目标。因此，构建应急科研协同创新的联动机制是实现应急科研创新目标的前提与条件。

2. 构建应急科研协同创新的联动机制是落实应急管理和治理政策的重要手段

在突发事件情境下启动应急管理和应急治理是应对突发事件的常态方案，尽管不同的突发事件其应急管理和治理的手段和方法差异巨大，但是大量的突发事件产生后，面临新情况、新问题和新事物，需要从科学的角度去探索和发现新知识、新技术和新产品，去应对突发事件所面临的新情况和新问题，为应急管理和治理提供科学方法和科学方案，而这探寻科学方法和科学方案的过程就是应急科研协同创新和攻关的过程。在突发事件情境下制定应急管理和治理体系时，通常都会包含应急科研创新和攻关方面的议题，并为此制定相关的支持政策来拉动相关的应急科研创新和攻关项目的立项，迫于突发事件情境下应急科研创新和攻关任务的紧迫性和非常规性，多主体协同开展应急科研创新和攻关已经成为必然和应然的选择。因此，构建一套完整的多主体协同开展应急科研创新和攻关项目的联动机制，确保应急科研协同创新和攻关项目能够快速和精准地推进，为应急管理和治理提供科学方法和科学手段。

3. 构建应急科研协同创新的联动机制是提高应急科研创新效率的必然要求

应急科研协同创新是一个复杂的系统工程，其内部的运行机理和影响因素都是复杂的，目前还难以清晰地探明其内部结构。如果将应急科研协同创新和攻关成果看作是产出指标，为开展应急科研协同创新和攻关所投入的各种资源和要素看作是投入指标，那产出指标与投入指标之比可以衡量应急科研协同创新和攻关效率的高低，那如何提高应急科研协同创新和攻关的效率呢？应急科研协同创新系统内部的横向联动、纵向联动将保持目标的一致性、行动的统一性和资源调度的最优配置性，从而使得应急科研协同创新和攻关所需要投入的时间、资源和要素等是比较节省的，产出与投入之比是最优的，达到提高应急科研协同创新和攻关效率的目的。尤其是在重大突发事件情境下，面临紧迫、艰巨的应急科研创新和攻关任务，要实现应急科研创新和攻关快速响应和精准研发的双重任务，更需要将有限的资源和要素用在刀刃上，提高资源使用效率。那如何提高应急科研协同创新和攻关效率呢？构建一套系统、高效、协同的联动机制就是一个不可或缺的组成部分和内在要求，以此促进应急科研创新和攻关资源与要素的协调和优化配置，提升应急科研创新和攻关效率，达成应急科研创新和攻关的"协同效应"。因此，构建应急科研协同创新的联动机制是提高应急科研协同创新和攻关效率的必然要求。

4. 构建应急科研协同创新的联动机制是凝聚应急科研创新合力的重要抓手

应急科研协同创新和攻关是应对突发事件，尤其是重大突发事件引发的应急管理需求，需要整合大量的人力、物力、财力等资源，汇聚多领域、跨学科的知识和技术，才能驱动应急科研协同创新和攻关任务快速启动并精准研发，为突发事件的应急管理提供"科学方法"和"科学方案"。为此，应急科研协同创新和攻关不仅是政府部门的事，还是应急科研协同创新系统内每个组织、每个主体都需要积极参与的，需要利用一切可以利用的力量，凝聚一切可以凝聚的资源，整合一切可以整合的要素。通过构建和实施应急科研协同创新的联动机制，可以加强应急科研协同创新系统内各主体之间的联系、交流和互动，增强相互之间的互信与信赖关系，达成统一的共识，凝聚各方的力量，形成应急科研协同创新和攻关的合力，推动应急科研协同创新和攻关任务的有序与高效开展。尤其是应急科研协同创新系统内不同主体基于突发事件引发的应急科研创新和攻关需求，紧急、仓促地聚集在一起，各自的组织文化、行为习惯、组织模式等各不相同，需要通过相应的联动机制来保持沟通、交流与互动，逐渐消除顾虑，建立互信，达成共识，形成凝聚力。因此，构建应急科研协同创新的联动机制是凝聚各方力量，形成应急科研创新和攻关合力的重要抓手。

二、构建应急科研协同创新联动机制的可行性

构建应急科研协同创新联动机制不仅有其重要性和必要性，而且在实践运作中具备各级政府的政策支持、有组织科研的协作基础和经验、科研组织（机构）的异质性、协同形式的多样性和灵活性等可行条件。

1. 各级政府的政策支持

当突发事件发生时，尤其是重大突发事件爆发时，为了能够引导和动员全社会的资源和力量聚集到应急科研创新和攻关中，各级政府部门都会适时启动应急科研创新和攻关项目，通过应急科研项目招标、委托研发等多种方式对应急科研创新和攻关项目进行资助和支持。政府的政策支持将会提升科研主体进入应急科研创新和攻关领域的意愿，吸引他们参与应急科研创新和研发活动中，引导和汇聚社会科研资源和要素向应急科研创新和攻关项目中聚集，起到集结号的作用。各级政府的政策支持能够为应急科研协同创新和攻关提供良好的资金支持和政策保障，为各科研主体积极参与应急科研协同创新和攻关起到关键的引导作用。

2. 有组织科研的协作基础和经验

随着科学研究的演化与发展，"自由探索"形式的个体户模式已经很难适应当前科学研究的需要，也很难产出高质量和高水平的科研成果了，"有组织科研"形式的科研团队模式已经成为科学研究的主流趋势。在此情形

之下，多数科研组织和机构在日常科学研究中也多数采用科研团队形式开展项目研发工作，团队分工和协作，协同开展项目研究已经成为常态和习惯，锻炼和培养了与他人进行合作的意识、精神和能力，积累了与他人协作开展科学研究的经验。当应急科研协同创新和攻关项目启动时，各科研组织（机构）和科研人员凭借以往在科研团队中的合作意识、合作精神和合作经验，能够快速融入新的应急科研团队，适应自己的角色和科研任务，并与新的科研伙伴协同开展合作，分享自己的知识、技术、信息和科研经验，妥善处理科研协同创新和攻关进程中出现的意见分歧或矛盾冲突，有条件创造和谐与有序的应急科研协同创新环境和氛围。在有组织科研的环境下，多数科研组织（机构）和科研人员具备良好的合作意识、团队精神和协作能力，为应急科研协同创新和攻关奠定了基础。

3. 科研组织（机构）的丰富性

基于突发事件情境下应急科研创新和攻关任务的紧迫性和艰巨性，应急科研项目的交叉性和跨学科性，以及应急科研创新和攻关的快速响应与精准研发目标的双重性，应急科研创新和攻关任务很难由单一组织（机构）来承担并顺利完成，多科研主体协同开展应急科研创新和攻关成为必然和应然选择。随着高等教育的快速发展和科学技术水平的日益提升，我国科研组织（机构）也在不断发展和壮大，不仅包含的学科、领域繁多，几乎包括了所有的研究领域和细分门类，而且数量规模庞大，科研能力和水平突出，为应急科研协同创新和攻关主体寻找合适的科研协同主体提供了丰富的选择空间，基本上需要的研究背景、研究领域、研究经验、知识储备、技术特点的组织（机构）都能找到。同时，我国工业体系完整，拥有 41 个工业大类，207 个中类，666 个小类，成为全世界唯一拥有联合国产业分类中全部工业门类的国家。① 应急科研协同创新和攻关项目需要寻找哪个工业类别的企业，都能快速物色到合适的企业。而且随着我国科学技术的发展，还诞生了很多科研服务中介机构，他们可以为应急科研协同创新系统提供信息服务、合作伙伴咨询、融资等专门的服务。由此可见，当应急科研协同创新和攻关任务产生后，应急科研协同创新和攻关的核心主体可以快速

① 国家统计局网站。

且精准地寻找到所需要的科研协同主体，为开展应急科研协同创新和攻关提供主体选择保障。

4. 协同形式的多样性与灵活性

在长期的科研合作实践中，形成了形式多样、灵活多变的科研合作模式，可以是交易型、关联型和紧密型等，科研合作模式的多样性和灵活性为应急科研协同创新系统选择合作对象、建立合作框架和构建合作机制提供了便利，也为各科研主体协同开展应急科研创新和攻关提供了更多的可能性。在应急科研协同创新和攻关实践中，既有采用技术转让、委托研究等比较松散的交易型合作形式，有采用合作研究的关联型合作形式，也有采用共建基地、共建实体等紧密型合作形式，应急科研协同创新和攻关项目的核心主体可以根据项目研究的实际需求，以及不同科研主体的实际情况，采取灵活多变、富有弹性的协同形式。

三、应急科研协同创新联动机制的框架体系

应急科研协同创新的联动机制是一个统一的整体和体系，是推动应急科研协同创新快速、有序运转不可或缺的机制，这里包括了动力机制、运行机制、协调机制和保障机制等。其中动力机制是提供应急科研协同创新的动力源，以此驱动应急科研协同创新和攻关任务的稳步推进。这种动力通常分为内生动力和外生动力两种类型。内生动力是动力机制的内在动力，是主要的动力源泉；而外生动力是外部驱动力，为应急科研协同创新和攻关提供助推力。在内生动力和外生动力的共同作用下，为应急科研协同创新和攻关提供系统和整体的动力。运行机制是应急科研协同创新联动机制的核心机制，也是其联动机制的重要组成部分，是应急科研协同创新和攻关项目实施过程中的指南和指导，落实与执行联动机制的要求与内容，通过设计科学与合理的组织管理、计划与执行、监督与反馈、评价与优化等内容强化应急科研协同创新联动机制的落实与执行。协调机制是应急科研协同创新和攻关进程中的沟通机制，由于应急科研协同创新系统涉及不同科研主体、不同部门、不同科研个体的利益诉求，且不同科研主体、不同

部门和不同科研个体的文化、习惯、思维模式、行为方式各不相同，在协同研发过程中难免出现冲突和矛盾，这就需要有良好的沟通渠道和纠纷调解通道，使得冲突、矛盾和纠纷能够得到及时、妥善和有效解决，其主要内容包括事务协商机制、信息共享机制、利益分享机制、成本补偿机制等。保障机制是应急科研协同创新联动机制顺利运作所需要的各种资源和条件的总称，如果缺乏这些资源，或者是所需要的条件不具备，都将影响应急科研协同创新和攻关工作的快速与有序开展，进而影响应急科研协同创新快速响应和精准研发目标的达成和实现，应急科研协同创新和攻关的推动速度和进度也将受到负面影响，这些保障机制的内容主要包括资金保障、政策与制度保障、人才保障、文化保障等。

应急科研协同创新联动机制包含的动力机制、运行机制、协调机制和保障机制是一个统一、不可分割的整体，相互关联、相互影响和相互制约。动力机制解决的是联动机制的驱动力问题，运行机制是解决联动机制的运转与执行问题，协调机制是解决联动机制的沟通问题，保障机制是解决联动机制的资源问题，形成如图7-1所示的应急科研协同创新和攻关联动机制的框架。

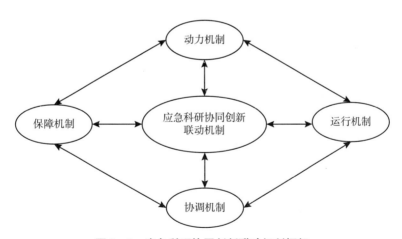

图7-1 应急科研协同创新联动机制框架

第二节 动力机制

一、主要动力源

（一）政策驱动

政策驱动是应急科研协同创新联动机制的重要动力，尽管政策驱动属于外生动力，但是在应急科研协同创新的联动机制方面具有直接、显著和引导性的驱动作用。当突发事件发生，特别是重大突发事件爆发时，需要充分发挥举国体制的优越性和国家政策的引导性，在国家政策的引导下，可以聚集资金、科研主体、高尖端科研人才、知识、信息、数据等资源和要素，投入应急科研创新和攻关领域，驱动应急科研协同创新和攻关。国家和政府政策具有号召力，当突发事件发生后，国家相关部门根据突发事件应急防控与管理的需要，发布相关应急科研专题招标公告，这对科研组织（机构）、科研团队和科研个体都具有号召力，能够唤起相关科研主体强烈的参与意识和参与意愿。国家和政府政策具有影响力，国家和政府政策支持下的应急科研专题研究，基本上属于国家级招标或委托课题，属于级别和层次最高的科研项目，这对于科研组织（机构）、科研团队和科研个体来说都是重要的成果，分量足、含金量高，影响力大。国家和政府政策具有公信力，国家和政府部门支持和资助的应急科研创新和攻关项目，都是突发事件情境下国家和社会急需开展的研究工作，其研究成果的使用通常都是国家和政府部门兜底的，具有良好的经济效益和社会效用。正是因为国家和政府政策具有的号召力、影响力和公信力，才使得国家和政府政策对应急科研协同创新和攻关具有很强的引导效应。

（二）需求驱动

需求驱动是应急科研协同创新联动机制的内在动力和根本动力。应急科研协同创新的协同与联动源于在突发事件情境下的社会需求、市场需求，以及科研主体的资源整合需求和价值需求等方面的合力推动。在社会需求方面，突发事件发生后，其影响会扩散和蔓延，逐渐演化成区域社会甚至全球的危机事件，为了助力危机处理，各级政府和社会将启动应急管理和治理，实施相应的防控与处置措施，其中极有可能包括开展相应的应急科研创新与攻关项目，为应急管理提供科学方案和科学方法，科研主体响应号召参与应急科研协同创新和攻关项目，就是满足突发事件情境下的社会需求和社会关切。在市场需求方面，在突发事件发生后，由于受影响和波及的面大、人多，如果应急科研协同创新和攻关的成果广泛应用于突发事件中受影响的群体中，那其成果的应用范围和规模是巨大的，将会产生巨大的经济效应和社会效应。在资源整合需求方面，当应急科研的核心主体决定投身应急科研创新和攻关项目时，基于自身科研创新资源、要素和能力的限制，难以独自快速开展和推进应急科研创新和攻关任务时，就需要向外部寻求支援和协助，选择与自己资源异质的组织（机构）合作，能够取长补短，有效弥补自身的资源缺陷和短板，协同开展应急科研创新和攻关成为必然的选择。在价值需求方面，科研组织和机构多由高级知识分子组成，他们不仅有物质方面的需求，更有社会价值、社会声誉等自我实现的精神需求，如果在应急科研协同创新和攻关中取得突破性成果，且成果转化后广泛应用于突发事件的防控与处置中，将会大大提升科研组织（机构）和科研人员的社会价值和社会声誉。

（三）目标驱动

目标驱动是应急科研协同创新和攻关的内在动力和深层动力。当科研主体对是否参与应急科研协同创新和攻关项目作出选择和决策时，会考虑参与此项目的目标是什么？实现此目标的可能性有多大？如果实现此目标能为自己带来什么影响？如果应急科研协同创新和攻关项目有明确的目标，实现目标的可能性较大，且实现目标能为自己带来积极、正向的影响，那么科研主体可能就会决定投身应急科研协同创新和攻关中，否则就可能放弃。在突发事件情境下，通常应急科研创新和攻关项目的目标是比较明确的，就是为突发事件的防控和处置提供科学方案和科学方法。应急科研协同创新攻关的难度通常还是比较大的，且有时效性，并具有较大的风险，一旦无法快速产出应急科研协同创新和攻关成果，可能就面临着突发事件结束，应急科研协同创新和攻关项目自动终止的局面。为此，我们倡导要多元科研主体协同开展应急科研创新和攻关项目，以此提高应急科研创新和攻关的速度和效率，缩短应急科研创新和攻关的时间，这样就可以大大提高实现应急科研创新和攻关的目标。应急科研协同创新和攻关一旦取得成果，使科研成果转化为产品，应用到突发事件防控和处置中，必然将取得经济利益和社会价值的双丰收，有积极和正向的影响。

（四）责任驱动

当突发事件尤其是重大突发事件发生时，每个社会人都不能也不会置身事外，都有责任和使命为突发事件作出努力和贡献，为阻断突发事件的扩散和蔓延，为突发事件的防控和处置添砖加瓦。而相关领域的科研组织、科研机构，专家、学者和科研人员则积极响应国家和社会的召唤，自觉投身应急科研创新和攻关的实践中，夜以继日地开展研发工作，这是他们的觉悟驱使，更是内心肩负的责任、使命和担当使然。我们国家，崇尚一方遇难，八方支援，倡导集体和社会利益高于个人利益，当集体和社会的利益受到侵害时，勇于牺牲个人利益去维护集体和社会利益。每当突发事件发生的紧要关头，总有一批又一批的人前仆后继，众志成城，为突发事件的防控和处置贡献自己的力量。这种责任、使命和担当是驱动应急科研协同创新和攻关任务的重要动力，也是每个科研组织（机构）和科研人员的情怀和价值。

二、动力机制建模与仿真

（一）系统动力学简介

1. 系统动力学的发展历程

系统动力学（system dynamics，SD）是由美国麻省理工学院的弗雷斯特

（Forrester）教授于 1956 年创立，在 20 世纪 50 年代末发展成为一门独立而完整的学科。系统动力学是一种对社会经济问题进行系统分析的方法论和定性与定量相结合的系统建模与仿真工具，其功能在于综合控制论、信息论和决策论的研究成果，以计算机为辅助手段分析和研究信息反馈系统的内部结构和行为规律，尤其是复杂、动态、非线性的离散系统的状态空间模型的描述与建模方面具有优势。由于系统动力学在描述和研究复杂的非线性系统方面具有强大的功能和独到的优势，使得系统动力学得到蓬勃的发展和广泛的运用。

20 世纪 50 年代后，系统动力学刚兴起时，主要应用于工商企业管理领域，处理诸如生产与雇员情况的波动、企业的供销、生产与库存、股票与市场增长的不稳定性等问题。1961 年，弗雷斯特出版了《工业动力学》（*Industrial Dynamics*），开始将系统动力学运用于工业生产和实践中，取得了显著的效果，使得系统动力学得到广泛关注和重视，此后弗雷斯特还出版了《系统原理》（*Principles of Systems*）、《城市动力学》（*Urban Dynamics*）、《世界动力学》（*World Dynamics*）等著作，使得系统动力学得到快速的发展。但是到了 20 世纪 70 年代，系统动力学经历了两次严峻的挑战，一是梅多斯（Meadows）1972 年出版的《增长的极限》（*The Limits to Growth*）和 1974 年出版的《趋向全球的均衡》（*Toward Global Equilibrium*），指出由于世界人口增长、资源消耗、工业发展、粮食短缺和环境污染这些因素的指数增长，全球性增长将会在 21 世界的某个时段达到极限（崩溃），并由此提出以"零增长"战略来应对因增长极限而导致的世界崩溃，这不仅引起了恐慌，更引起了人们对系统动力学的怀疑，使其陷入发展困境。二是 20 世纪 70 年代中期到 80 年代中期，弗雷斯特建立美国全国模型，完成了方程数高达 4000 个的美国系统动力学国家模型，解决了经济发展中长期存在的问题，尤其是揭示了经济长波（long wave）的奥秘，引起政府部门的不满和抵制。进入 90 年代以来，随着系统动力学模型在各个领域的广泛应用，并取得良好的效果，系统动力学得到快速发展。

2. 系统动力学的研究对象

系统动力学的研究对象是社会经济系统，此类系统通常具有一些突出的特点。

一是社会经济系统存在决策环节，社会系统运行过程中，通常都需要采集信息和数据，并按照某个政策进行信息加工处理后进行决策，是一个经过多次比较、反复选择和优化的过程。

二是社会经济系统具有自律性，社会经济系统可以自己做主进行决策，具有进行管理、控制和约束自身行为的能力和特性。工程系统是由于导入反馈机制而具有自律性，社会系统因其内部固有的"反馈机制"而具有自律性，因此研究社会系统的结构和行为，首先就在于认识和发现社会系统中所存在的由因果关系形成的反馈机制。

三是社会经济系统具有非线性特征，由于社会经济系统的影响因素之间相互作用的多样性和复杂性，在时间和空间上的分离性、意外性和滞后性，以及社会经济系统通常具有多重反馈回路和结构，使得其具有高度非线性特征。系统动力学方法就是把社会系统作为非线性多重信息反馈系统来研究，进行社会经济问题的模型化，对社会经济现象进行预测，对社会系统结构和行为进行分析，为组织、地区、国家等制定发展战略，进行决策，提供有用信息和依据。

3. 系统动力学的特征

系统动力学模型具有以下四个主要特点。

一是多变量，系统动力学研究的多为社会经济系统，由于社会经济系统本身的复杂性和动态性，需要运用较多的变量进行描述和刻画，如水准变量、速率变量、辅助变量、参数和延迟变量等。

二是定性分析与定量分析相结合，系统动力学在分析和研究问题时通常借助因果分析图、结构模型（流图）和数学模型（DYNAMO 方程）进行，其中因果分析图、结构模型（流图）属于定性分析方法，而数学模型属于定量分析方法。

三是以仿真实验为基本手段和以计算机为工具，系统动力学本质上是一种计算机仿真分析方法，是实际系统的"实验室"。

四是系统动力学可以处理高阶次、多回路、非线性的时变复杂系统问题，处理和研究的问题比较广泛，使得系统动力学模型具有较普遍的适用性。

4. 系统动力学的工作原理

系统动力学模型的基本原理是通过对实际社会经济系统的观察，采集有关研究对象系统的状态信息，依据有关信息进行决策，决策之后是采取行动，将决策的结果付诸实践，在行动的基础上促使系统状态发生改变。这种变化又为观察者提供新的信息来源，从而形成系统中的反馈回路，如图7-2（a）所示，系统动力学模型的流图正是描述和刻画系统的这个过程，如图7-2（b）所示。系统动力学具有四个基本要素：状态或水准、信息、决策或速率、行动或实物流；两个基本变量：水准变量和速率变量；一个核心思想是反馈控制。

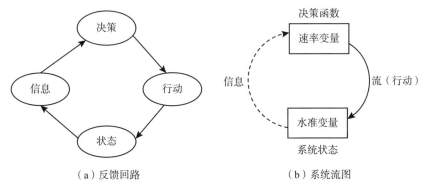

（a）反馈回路　　　　　　　　（b）系统流图

图7-2　系统动力学基本工作原理

（二）系统因果关系图

在系统动力学中用系统因果关系图来描述和刻画系统各要素之间相互联系、相互影响的关系，它是系统动力学模型的基础和关键。因果关系图主要包括：（1）因果箭。连接因果要素的有向线段，箭尾始于原因，箭头终于结果，因果关系有正负极性之分，正（＋）为加强，负（－）为削弱。（2）因果链。因果链具有传递性，用因果箭对具有递推性质的因素关系加以描绘即得到因果链。因果链的极性的判别方法是在同一因果链中，若含有奇数条极性为负的因果箭，则整条因果链是负的因果链，否则该因果链极性为正。

本书根据应急科研协同创新动力系统各要素之间的内在关联和逻辑机理进行分析后，得到如图7-3所示的因果关系图。图中包含了20条因果链，"→+"表示正因果链，"→-"表示负因果链，其中19条为正因果链，1条为负因果链。因果链构成10个主要的因果反馈环。

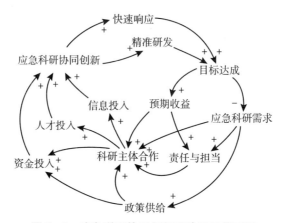

图7-3　应急科研协同创新系统因果关系图

（1）科研主体合作→+人才投入→+应急科研协同创新→+快速响应→+目标达成→+预期收益→+科研主体合作。

（2）科研主体合作→+人才投入→+应急科研协同创新→+精准研发→+目标达成→+预期收益→+科研主体合作。

（3）科研主体合作→+人才投入→+应急科研协同创新→+快速响应→+目标达成→+应急科研需求→-科研主体合作。

（4）科研主体合作→+人才投入→+应急科研协同创新→+精准研发→+目标达成→+应急科研需求→-科研主体合作。

（5）科研主体合作→+人才投入→+应急科研协同创新→+精准研发→+目标达成→+预期收益→+责任与担当→+科研主体合作。

（6）科研主体合作→+人才投入→+应急科研协同创新→+快速响应→+目标达成→+预期收益→+责任与担当→+科研主体合作。

（7）科研主体合作→＋人才投入→＋应急科研协同创新→＋精准研发→＋目标达成→＋应急科研需求→－责任与担当→＋科研主体合作。

（8）科研主体合作→＋人才投入→＋应急科研协同创新→＋快速响应→＋目标达成→＋应急科研需求→－责任与担当→＋科研主体合作。

（9）科研主体合作→＋人才投入→＋应急科研协同创新→＋精准研发→＋目标达成→＋应急科研需求→－政策供给→＋科研主体合作。

（10）科研主体合作→＋人才投入→＋应急科研协同创新→＋快速响应→＋目标达成→＋应急科研需求→－政策供给→＋科研主体合作。

（三）系统流图

系统动力学流图用于描述影响反馈系统的动态性能的积累效应，进一步表示不同性质变量之间的关联，流图是系统动力学结构模型的基本形式，绘制流图是系统动力学建模的核心内容。流图主要包括以下内容。

（1）流（flow），是系统中的活动和行为，通常只区分出实体流和信息流。

（2）水准（level），是系统中子系统的状态，是实物流的积累。

（3）速率（rate），表示系统中流的活动状态，是流的时间变化，在系统动力学中速率表示决策函数。

（4）参数（量）（parameter），是系统中的各种常数，或者是在一次运行中保持不变的量。

（5）辅助变量（auxiliary variable），其作用在于简化速率的表示，使复杂的决策函数易于理解。

（6）源（source）与洞（sink），表示行为或活动的开始或结束。

（7）信息（information），信息的流向情况用箭头表示。

（8）滞后或延迟（delay），由于信息和物质运动需要一定的时间，于是就导致原因和结果、输入和输出、发送和接收等之间的时差，并有实物流和信息流滞后之分，系统动力学中的滞后分以下四种情况：一是 DELAY1，对实物流速率进行一阶指数延迟运算（一阶指数物质延迟）；二是 DELAY3，三阶指数物质延迟；三是 SMOOTH，对信息流进行一阶平滑（一阶信息延迟）；四是 DLINF3，三阶信息延迟。

根据图 7-3 的系统因果关系图进行细化可以描述出系统流图,如图 7-4 所示。系统流图包括了应急科研协同创新能力一个水平变量,协同创新增长速率和协同创新阻碍速率两个速率变量,资金投入、人才投入、信息投入、协作能力、知识交互与创新能力、协同创新机制、协同主体适应性、应急科研创新动力、预期收益、责任心与使命感、预期收益和应急科研创新目标等辅助变量,应急科研创新目标、政策供给强度、应急科研创新需求、科研协同经历、协同主体资源异质性、文化相似性与包容性、科研创新能力等常量。系统涉及的变量有水平变量、速率变量、辅助变量,可以根据其实际含义及变量之间的关系确定其相关方程,系统模型涉及的常量根据实际情况确定其初始值。鉴于本书篇幅,此处不再赘述。

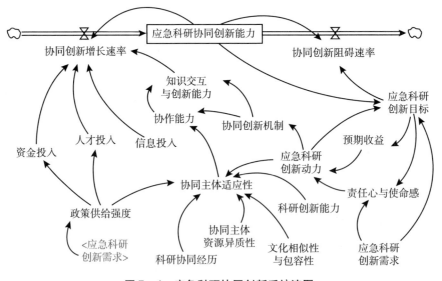

图 7-4　应急科研协同创新系统流图

系统动力学模型的检验侧重于模型结构和模型行为的检验,本书主要通过 Vensim PLE 平台对系统模型的行为与实际系统的一致性进行检验,该检验强调模型行为可以重现参考模式,并能通过统计方法检验。选取应急科研协同创新和攻关实证案例的相关数据,与系统模型的模拟仿真获得的数据进行对比得知,应急科研协同创新能力模拟效果与真实数据之间的误差在5%之内。由此可见，系统模型的仿真效果与实际情况比较吻合，系统模型具有较强的可靠性和可信性，因此可以运用本系统仿真模型对应急科研协同创新和攻关系统的内在运行机理进行预测和模拟。

（四）系统模拟与仿真

本书在 Vensim PLE 平台上运行系统模型，选取政策供给强度、应急科研创新需求、应急科研创新目标、责任心与使命感四个决策变量，应急科研协同创新能力为衡量指标。以应急科研协同创新和攻关项目为实证研究案例，将相关数据和参数代入系统模型，通过系统的反复模拟仿真对比，得到较为合适的决策变量理想值。

1. 政策供给模拟与仿真

应急科研协同创新和攻关需要各级政府的政策供给和政策支持，尤其是当重大突发事件暴发时，需要政府通过应急科研专题招标项目、委托研发、资金资助等多种形式的应急政策引导各科研主体快速响应号召，整合优质科研创新资源，协同开展应急科研协同创新和攻关工作。政府政策供给的强度、力度和持久度对应急科研协同创新能力产生不可估量的影响。

本书将政府政策供给强度划分为强政策、中政策和弱政策三种类型，在其他变量保持不变的情况下运用 Vensim PLE 平台进行模拟和仿真，由于平台是按具体的时间单位进行模拟仿真的，但本书研究对象是按阶段进行考虑的，故将 2016 年理解为第 1 个阶段，2017 年理解为第 2 个阶段，以此类推，2035 年理解为第 20 个阶段。模拟仿真结果如图 7-5 所示，由图可知，强政策对应急科研协同创新能力具有较大的推动作用，到第 20 个阶段（2035 年）时，应急科研协同创新能力系数可达 0.753；中政策情况下，到第 20 个阶段（2035 年）时，应急科研协同创新能力系数达 0.632；而在弱政策情况下，到第 20 个阶段（2035 年）时，应急科研协同创新能力系数只有 0.570。由此可见，政策强度对应急科研协同创新能力具有较大影响。

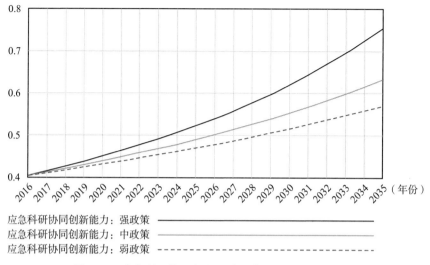

图7-5 应急科研协同创新系统政策强度模拟仿真结果

2. 应急科研创新需求模拟与仿真

应急科研协同创新和攻关起源于突发事件产生的应急管理和治理需求，不同的突发事件产生的应急科研需求不同，在自然灾害、事故灾害、公共卫生事件和社会安全事件等主要突发事件中，通常公共卫生事件产生的应急科研需求是最强烈和紧迫的，然后是事故灾害和自然灾害，最后是社会安全事件。且同一类突发事件其导致的应急科研需求也不太一样，如突发公共卫生事件中，按照事件性质、危害程度和涉及范围，分为特别重大突发公共卫生事件（Ⅳ级）、重大突发公共卫生事件（Ⅲ级）、较大突发公共卫生事件（Ⅱ级）和一般突发公共卫生事件（Ⅰ级），突发公共卫生事件的级别越高，其产生的应急科研需求就越强烈和紧迫。同时，也与突发事件的新颖程度和现有防控与处置措施的有效性有关，突发事件越新颖，跟以往出现的突发事件差异性越大，需要开展应急科研创新和攻关的需求就越大。如果现有方案、方法和措施对突发事件防控和处置无效，那就必然需要通过应急科研创新和攻关寻求新的防控与处置方案、方法和措施；反之，如果现有方案、方法和措施足够应对突发事件防控和处置，那应急科研创新和攻关需求就没有必要。应急科研创新需求越强烈，说明应急科研创新和攻关的市场规模和市场前景越大，其产出的经济效益和社会效益越大，各科研主体参与应急科研协同创新和攻关的动力和意愿越强烈，对应急科研协同创新能力的提升作用也越明显。

本书将应急科研创新需求划分为强需求、中需求和弱需求三种类型，在其他变量保持不变的情况下，运用 Vensim PLE 平台进行模拟和仿真，模拟仿真结果如图 7–6 所示，由图可知，强需求对应急科研协同创新能力的推动作用强烈，到第 20 个阶段（2035 年）时，应急科研协同创新能力系数可达 0.759；中需求情况下，到第 20 个阶段（2035 年）时，应急科研协同创新能力系数达 0.526；而在弱需求情况下，到第 20 个阶段（2035 年）时，应急科研协同创新能力系数只有 0.461。由此可见，应急科研创新需求强度对应急科研协同创新能力具有很大影响。

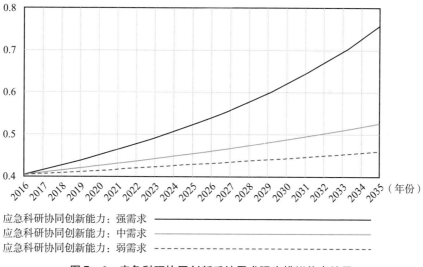

图 7–6　应急科研协同创新系统需求强度模拟仿真结果

3. 应急科研创新目标模拟与仿真

应急科研创新目标也是影响应急科研协同创新能力的重要因素，特别是在突发事件情境下的应急科研协同创新和攻关活动中，要实现快速响应和精准研发的双重目标，其实现的难度比一般科研创新大，存在的风险也较大，这些都会影响科研主体的选择和决策。从激励的效果角度讲，适合的应急科研创新和攻关目标有助于提升应急科研协同创新的效果，一般而言，当目标通过努力可以实现或有较大实现可能性的情况下，目标的激励效果较佳；当目标过低，不需要付出多大努力就可以实现时，难以激发各科研主体的积极性和内在潜能；当目标过高，达成目标无望时，各科研主体的积极性会受到打击，甚至萌生放弃努力的可能。由此可见，应急科研目标的难度也将影响应急科研协同创新能力，随着目标难度的增加，应急科研协同创新能力呈现出倒 U 型的结构特点。

本书将应急科研创新和攻关项目的难度分高目标、中目标和低目标三种情况，在其他变量保持不变的情况下运用 Vensim PLE 平台进行模拟和仿真，模拟仿真结果如图 7-7 所示，由图可知，高目标对应急科研协同创新能力具有较大的激励作用，到第 20 个阶段（2035 年）时，应急科研协同创新能力系数可达 0.664；设置低目标的情况下，到第 20 个阶段（2035 年）时，应急科研协同创新能力系数达 0.460；而在设置高目标的情况下，到第 20 个阶段（2035 年）时，应急科研协同创新能力系数只有 0.488。由此可见，目标设置对应急科研协同创新能力具有一定影响关系。

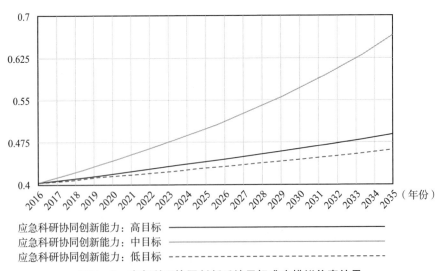

图 7-7 应急科研协同创新系统目标难度模拟仿真结果

4. 责任心与使命感模拟与仿真

突发事件情境下社会面临危机，科研主体参与应急科研协同创新和攻关不仅要考虑自身的经济利益和社会效应，更要履行社会责任和承担历史使命，为社会应急管理和治理贡献智慧和力量。责任心和使命感强的科研主体在面对突发事件时，有更强烈的意愿和动力参与到应急科研协同创新和攻关任务中，将社会的整体需求放在首位，将个体的利益摆到次要的位置，全身心地投入应急科研协同创新和攻关实践中；而责任心和使命感弱的科研主体在面对突发事件时，参与到应急科研协同创新和攻关任务的意愿和动力较弱，将个体的利益和得失放在突出位置，反复权衡利弊，直至错失良机。

本书将科研主体参与应急科研协同创新和攻关任务的责任心和使命感分强责任心与使命感、中责任心与使命感和弱责任心与使命感三种情况，在其他变量保持不变的情况下运用 Vensim PLE 平台进行模拟和仿真，模拟仿真结果如图 7 - 8 所示，由图可知，科研主体具有强责任心与使命感对应急科研协同创新能力具有较大的推动作用，到第 20 个阶段（2035 年）时，应急科研协同创新能力系数可达 0.643；科研主体具有中责任心与使命感的情况下，到第 20 个阶段（2035 年）时，应急科研协同创新能力系数达 0.519；而在设置弱责任心和使命感的情况下，到第 20 个阶段（2035 年）时，应急科研协同创新能力系数只有 0.449。由此可见，科研主体的责任心和使命感对应急科研协同创新能力具有较大影响关系。

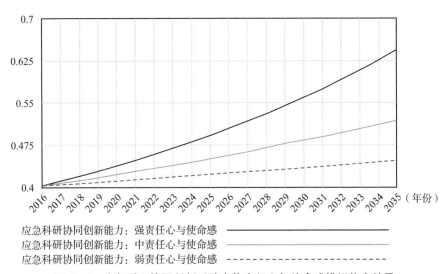

图 7 - 8　应急科研协同创新系统主体责任心与使命感模拟仿真结果

（五）结果分析

由以上关于政策供给强度、应急科研创新需求、应急科研创新目标和责任心与使命感的模拟与仿真结果可见，当应急科研协同创新系统单独采用强政策供给、应急科研创新和攻关需求、适宜的应急科研创新和攻关目标，以及强责任心和使命感进行模拟与仿真时，对应急科研协同创新系统有较大的推动和促进作用。而当同时采用强政策供给、应急科研创新和攻关需求、适宜的应急科研创新和攻关目标，以及强责任心和使命感的优化组合时，在 Vensim PLE 平台上进行模拟和仿真，模拟仿真结果如图 7-9 所示，由图可知，应急科研协同创新系统在优化组合情况下协同创新效果最佳，模拟仿真效果更理想，到第 20 个阶段（2035 年）时，应急科研协同创新能力系数达 0.715。

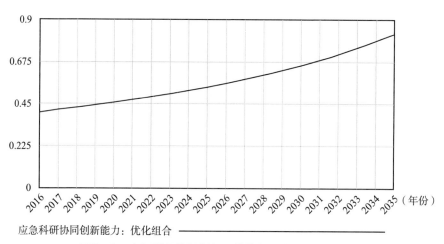

应急科研协同创新能力：优化组合 ————————

图 7-9 应急科研协同创新系统优化组合模拟仿真结果

第三节 运 行 机 制

一、组织与管理

应急科研协同创新系统的正常、有序运转离不开良好的组织与运行管理，没有组织和运行管理，各科研主体凑合在一起，可能成为一盘散沙，难以形成合力并达到协同开展应急科研创新和攻关项目的目的，因此应急科研协同创新系统要十分重视组织与运行管理。

（1）充分发挥核心科研主体的凝聚和主导作用，在应急科研协同创新和攻关团队中，有不同的科研主体参与，但是不同科研主体在团队中的地位和作用是不相同的，其中一定有占据核心和主导地位的科研主体，这些核心科研主体一定要充分发挥凝聚作用和主导作用，为应急科研协同创新和攻关工作的顺利开展营造一个和谐、有序的氛围。

（2）建立组织机构，应急科研协同创新和攻关是一个相对独立而完整的组织，要建立功能相对完整的组织机构，承担相应的组织管理功能，尤其是要组建后勤服务相关的部门和岗位，为应急科研创新和攻关提供到位的后勤服务，让科研人员可以全身心投入到应急科研协同创新和攻关工作中。

（3）制定好完善的组织管理制度，要通过科学、合理的管理制度来管理和约束人们的行为，而不是用人的地位和权威来管理和约束人们的行为，为此需要在应急科研协同创新团队组建之初就要制定好比较完善的管理规章制度。

（4）签订好合作签约，并遵守契约精神，各科研主体都有自己独立的利益诉求，包括资源投入、成本分担和利益分享等方面都要有明确的契约规定，鼓励遵守契约精神的科研主体，而对那些不遵守契约精神的科研主体需要付出昂贵的代价。

二、计划与执行

应急科研协同创新和攻关以项目为抓手，在整合各科研主体的优势创新资源的基础上，协同推进应急科研创新和攻关工作，为确保应急科研协同创新和攻关工作有条不紊地推进，需要制订应急科研创新和攻关计划，按计划执行科研创新和攻关任务和进展，并在执行过程中不断根据实际情况动态调整计划。

（1）制订计划，应急科研核心主体要召集各参与主体根据应急科研创新的需求，以及应急科研协同创新和攻关的科研工作量、科研难度，以及科研资源的投入状况等，制订应急科研协同创新和攻关计划。考虑到应急科研创新和攻关任务的紧迫性，在制订科研创新和攻关计划时要尽量压缩项目时间进度，通过充足的科研资金和资源保障各科研创新和攻关进程之间的紧密配合与衔接，确保应急科研创新和攻关的推进进度。

（2）执行计划，各应急科研协同创新和攻关小组的科研人员要严格按照所制订的研发计划执行科研进度，将计划所规定的事项层层分解落实到个体，对每个科研创新和攻关小组的科研个体的工作计划进展进行实时跟踪和督促，发现实际进展滞后时必须立刻寻找原因，并给予解决，确保每一个科研小组和科研个体的研发工作都能迎头赶上。

（3）动态调整计划，应急科研协同创新和攻关计划在实际执行过程中，也要根据科研创新和攻关的实际情况进行动态调整，当实际科研创新和攻关进度快于计划进度时，要将计划调快；而当实际科研创新和攻关进度慢于计划进度时，一方面要想尽一切办法加紧研发进度，另一方面也要根据实际情况适当调整研发进度。

三、监督与反馈

应急科研协同创新和攻关项目在运作和实施过程中，需要加强过程监督与结果监控，以便在发生较大偏差时对其进行纠偏，以免影响应急科研协同创新和攻关的效率和效果。

（1）要成立监督与反馈小组，该小组成员来自应急科研协同创新和攻关团队内部，以矩阵制组织形式进行管理，成员来源要广，覆盖面要宽，尽可能多来自一线科研人员和基层管理人员，让后勤行政人员担任秘书或助理，承担工作组织安排、材料整理、沟通联络等服务工作。

（2）监督与检查工作常态化、周期化，要将应急科研协同创新和攻关项目的监督与检查工作纳入日常运行体系中，定期对应急科研协同创新项目的资源利用、项目进度、项目质量等开展督查，对存在的问题和偏差进行识别、分析和处理。

（3）反馈与纠偏工作具体化、实效化，对应急科研协同创新和攻关项目监督和检查中出现的问题和偏差要进行认真研究和研判，分析出现问题与偏差的原因，并提出相应的可行方案和措施，并协助相关人员开展方案和措施的执行，并对执行情况进行动态跟踪，实时了解纠偏的实际效果。

（4）异常处理及时化、有效化，除了通过定期的监督和检查发现问题与偏差外，应急科研协同创新和攻关系统可能在日常运行中发现异常，此时应对所出现的异常状况进行快速响应并及时处理，提出有效的解决办法。

四、评价与改进

应急科研协同创新和攻关既是一项任务，也是一个复杂的系统项目，应该在推进应急科研协同创新和攻关的过程中，开展多层次、多维度、多视角、多主体的评估与评价工作，为应急科研协同创新项目的关键决策提供科学依据。

（1）建立科学的评估与评价体系，要根据应急科研协同创新和攻关系统快速响应和精准研发的双重目标属性，建立科学与合理的评价指标体系，采用定性与定量相结合的评价方法，制定各评价指标的评分细则，使得对相关对象的评估与评价能够客观、真实与有效。

（2）加强评估与评价工作的组织与管理，应急科研协同创新和攻关系统的评价与评估工作应该由具体的部门或小组负责，制订详细的评估与评价工作计划和工作安排，做好评估与评价工作的准备与筹备，组织具体的评估与评价工作部署与落实。

（3）重视过程评价与结果评价相结合，应急科研协同创新和攻关系统的评价不能只有项目结束后的结果评价，还要重视项目开展过程中的过程评价和阶段评价；不仅要有应急科研协同创新和攻关系统的整体评价，还需要有局部评价和子项目评价。

（4）重视评估与评价结果的应用，应急科研协同创新和攻关系统的评估与评价不仅要对项目过去的研发状况进行全面评估和总结，更要通过评估和评价，发现存在的问题与不足，以及可以改进的空间，进一步提升应急科研协同创新快速响应和精准研发的双重目标。

第四节 协调机制

一、事务协商机制

应急科研协同创新和攻关进程中，一定会遇到很多涉及多个科研主体，需要多个科研主体、多个科研部门进行沟通协调的事务，为此需要建立起多渠道、多形式的事务沟通和协商机制，促进相关事务、纠纷和矛盾的快速、有效处理和解决，营造一个友好、和谐的应急科研环境和氛围。

（1）把握整体性的沟通与协商原则，当应急科研主体之间要进行事务、分歧或矛盾等进行沟通和协商时，要从应急科研协同创新系统的整体性出发，以大局为重，沟通和协商的结果要有利于应急科研协同创新和攻关项目的有序推进，有助于快速响应和精准研发双重目标的实现。

（2）把握公平性的沟通与协商原则，当要沟通和协商的事务、分歧或矛盾等涉及各应急科研主体的切身利益时，要体现公平、公正和公开的原则，保护各应急科研主体的利益和权益不受侵犯，这样的沟通和协商才有信服力，才能起到正面的激励效应。

（3）把握问题导向的沟通与协商原则，所有的沟通和协商都是为了处理事务、解决分歧和矛盾，因此要坚持问题导向的基本原则，所有的沟通和协商形式、方法和技巧都是为了能有效处理事务、解决分歧和矛盾，否则一切都是浪费工夫。

（4）把握及时与快速的沟通与协商原则，需要沟通和协商的事务、分歧和矛盾出现后，会蔓延和扩散，产出不良的溢出效应，为此，当事务、分歧和矛盾出现时，相应的沟通和协商要及时并快速跟进，迅速进行处理和解决。

二、信息共享机制

信息已经成为社会发展、市场运行和科学研究中不可或缺的资源，且信息的作用和价值日益显著，在推进应急科研协同创新和攻关项目的进程中，应急科研主体和科研人员应该通过合适的渠道与平台进行信息共享，消除信息壁垒和降低信息共享成本。为此，建议应急科研协同创新和攻关项目组和团队做好以下方面的工作。

（1）构建信息共享的信任机制。应急科研主体之间以及各科研人员之间在转移和吸收对方的共享信息后，都能在一定程度上获得信息的价值和效用，但是共享的信息量和信息的价值由对方决定，自己无法掌控，因此，应急科研主体之间以及各科研人员之间的信任程度和共享信息的意愿就成为左右信息共享活动能否顺利开展和实施的重要因素。

（2）建立信息共享的激励机制。尽管应急科研主体之间以及各科研人员之间通过信息共享都能在一定程度上获取信息的价值和效用，从中受益，并推进应急科研协同创新和攻关项目的进展，但是通过信息共享获得的效果和收益仅仅通过"信息交易价格"进行初次分配有可能是不公平和不合理的，从而阻碍某一方的积极性和主动性。为此，需要对应急科研协同创新和攻关的效果和收益进行重新分配，使得效果和收益分配趋于公平和合理，可以通过成本分担、利益分享和产权激励等多种手段进行激励。

（3）完善信息共享的渠道与平台。阻碍和制约应急科研协同创新信息共享的一个重要因素是信息共享的成本与风险，当应急科研主体之间以及各科研人员之间进行信息共享时渠道有限、平台不力、沟通不畅、反馈滞后时，信息共享的成本将大幅度增加，从而侵蚀了信息共享的成果，这样各主体对信息共享的热情和意愿会大打折扣，影响信息共享的开展和实施。因此，应急科研协同创新系统为了顺利推行和实施信息共享体系，需要设计和构建多种信息共享的渠道和信息交互平台，并建立起良好的沟通机制和反馈机制。

三、利益共享机制

1. 利益共享机制简介

应急科研协同创新和攻关需要建立在互惠互利的基础上，要让参与应急科研协同创新的各科研主体、各科研人员都能按照一定的原则分享应急科研协同创新和攻关的成果和收益，这样才能激发各方主体的积极性、主动性和创造性。在应急科研协同创新系统中，要分享的利益主要包括应急科研成果的知识产权、应急科研成果转化产品的市场收益，其中应急科研成果的知识产权主要以科研论文、科研著作、发明、专利等形式存在，而应急科研成果转化产品的市场收益主要看该转化成果的市场规模、产品利润率以及科研成果在产品价值结构中的比例等。一般而言，科研成果转化产品的市场规模越大、产品利润率越高、科研成果在产品价值结构中的比例大，市场收益就越大，经济效益越好。而利益共享的依据主要是各主体在应急科研协同创新和攻关过程中的贡献和作用，主要的衡量指标是投入的资源量、科研创新和攻关中的作用与价值，投入的资源主要有科研资金、科研人才、专业知识、数据与信息、设施与设备等；科研创新和攻关中的作用与价值主要看科研创新和攻关中的关键环节、核心技术和核心成果是由哪些科研主体取得突破的。投入的资源越多，在科研创新和攻关汇总的作用和价值越大，其贡献也就越大，应该分享到的利益也就越多。总体而言，利益共享机制中需要考虑的因素较多，需要进行综合分析和考量。

2. 利益共享模型

（1）基本原则。要把应急科研协同创新和攻关当成是一个统一的整体，打破各科研主体的本位主义和个人主义，各主体要以应急科研协同创新和攻关的整体利益最大化为目标，携手合作，强化应急科研协同创新团队统一计划、统筹协调、协同推进，催生"1 + 1 > 2"的内生增长机制，推动应急科研协同创新和攻关项目的快速响应和精准研发。同时，参与应急科研协同创新的各主体都有自身独立的利益诉求，合理的利益共享权益，为了鼓励和激发每个主体参与应急科研协同创新和攻关的热情和积极性，不能靠发号施令，要靠利益共享机制的公平性、公正性和有效性。为此，各科研主体积极参与应急科研协同创新和攻关项目所取得的收益和成效要能够进行公平、合理和有效地分配，应该遵循以下原则。

①契约原则，利益共享与分配涉及各科研主体的切身利益，利益共享的具体办法应该在科研主体签订合作协议时就进行明确规定，并成为协议内容的组成部分，而不是在应急科研协同创新和攻关过程中，甚至是项目结束后才考虑利益共享相关议题，这样利益如何分享就有迹可循，并且各科研主体签订协议后，就应该遵守契约精神，按照契约规定进行利益的分享与分配。

②激励原则，利益共享策略和机制要能够有效体现各科研主体的资源投入状况、科研创新和攻关的参与程度、付出的努力及作出的贡献，各科研主体分享到的利益能够真实反馈出其付出的努力和作出的贡献，又能够激发各科研主体的参与热情和积极性，增强各科研主体参与应急科研协同创新和攻关的积极性和主动性，增强各科研主体之间的凝聚力和感召力。

③多赢原则，在应急科研协同创新和攻关进程中，各科研主体获得的利益和收益应该多于不参与协同合作时，同样的努力和贡献所取得的利益和收益，使得参与各方都能够通过应急科研协同创新和攻关获取更多的收益，实现多方利益最大化的多赢局面。

（2）成员构成和目标。在应急科研协同创新系统中，各科研主体就成为利益共享的成员，且科研主体通常是按照组织（机构）进行认定的。而应急科研协同创新分享的客体是各科研主体通过协同合作所取得的"成果"和"收益"，这些成果和收益主要包括科研论文、科研著作、发明、专利等知识成果，以及科研成果转化产品销售后获得的经济收益。应急科研协同创新系统利益共享机制的目标是通过构建科学、合理、有效的利益共享模型，对应急科研协同创新和攻关的成果和收益进行分配时，在体现公平、公正的同时，凸显应急科研协同创新系统的协同、激励与多赢的原则与效果，催生"1 + 1 > 2"的协同效应。

3. Shapley 模型

应急科研协同创新系统的利益分配问题本质上是一个多人合作博弈问题，而 Shapley 值法是用于解决多人合作博弈情境下利益分配的常用方法，它可以确定当 n 个主体通过合作取得最大收益后，这一最大收益的分配问题。在应急科研协同创新系统中，各科研主体通过投入自身的资源参与到应急科研协同创新系统中，为推动和促进应急科研协同创新和攻关作出努力和贡献，取得了应急科研协同创新和攻关的成果和收益，且此成果和收益往往比每个科研主体自身单打独斗所获得的成果与收益之和来得多，而 Shapley 值模型就提供了一种分配此高额的应急科研协同创新和攻关成果和收益的方法。

（1）假设前提。假设应急科研协同创新系统有 n 个参与主体，这 n 个参与主体可以视作为一个合作博弈共同体。由于各个参与主体可相互之间进行信息交流，并且它们之间也可以任意订立合同契约进而保证应急科研协同创新系统博弈后各主体应该获取的合理利益与成果，应急科研协同创新系统各个主体之间往往会在联盟系统中寻求合适的协同合作伙伴，并且与各自的联盟协同伙伴合作作为一个共同的系统整体来参与到更大的应急科研协同创新联盟的竞争与博弈过程之中，进而期望得到更加高效实惠的利益。因此，在应急科研协同创新系统中，各参与主体组建初期联盟参与主体之间的合作，会形成各个不同的小系统联盟，在每一个小系统联盟之中，其成员能够齐心协力来保证小系统联盟在参与到大系统联盟博弈过程中能够获取更大的利益，分享到更多的协同合作成果。

（2）问题描述。一旦应急科研协同创新系统的博弈联盟达成，系统中各参与主体就可以根据事先商定好的具体分配方案对整体收益进行重新分配。为了便于说明问题，特作以下描述。

第一，在有 n 个参与主体的博弈联盟中，各参与主体集合用 $N = \{1, 2, \cdots, n\}$ 表示，N 的任意子集 S 表示参与应急科研协同创新系统的联盟主体。在应急科研协同创新博弈联盟 S 成立之后，构成博弈联盟主体 S 的各个参与主体就不再只关心自身的利益，而是为追求应急科研协同创新博弈联盟 S 的整体最大利益而共同努力。因此，当所有应急科研协同创新博弈

联盟 S 的最大利益都确定以后，博弈联盟中各参与主体之间的利益与成果分配就可以进行了。

第二，在一个含有 n 个参与主体的应急科研协同创新系统中，S 所表示的是应急科研协同创新博弈联盟，$v(S)$ 是指在 S 和 $N-S=\{i \mid i \in n, i \notin S\}$ 中应急科研协同创新博弈联盟 S 的最大效用，$v(S)$ 又可以称为应急科研协同创新博弈联盟 S 的特征函数或效用函数。在实际联盟成员之间博弈的过程中，有 $v(\varPhi)=0$，$v(\{i\})$ 表示参与主体 i 与全体其他参与主体博弈时的最大效用，记为 $v(i)$。在应急科研协同创新和攻关背景下，应急科研协同创新系统联盟能否构建取决于联盟成立后是否对各参与主体均有利，即能够实现多赢的格局。由于应急科研协同创新系统联盟的各参与主体都有自身独立的利益诉求和发展目标，只有当应急科研协同创新系统联盟成立后各参与主体获取的利益和成果高于各参与主体独立运作情况下所获得的利益和成果时，应急科研协同创新系统联盟才有成立的意愿和价值。

第三，为了方便讨论，在 (N, v) 的合作博弈中，N 表示应急科研协同创新系统联盟各参与主体的集合，v 表示特征函数或效用函数。对于特征函数 v，在应急科研协同创新系统联盟取得了比各成员独立运作更多的收益和成果的情况下，产生了协同效应，即超累加性。在应急科研协同创新系统联盟中，如果有应急科研协同创新博弈联盟 S_1 和 S_2，如果 $S_1 \cap S_2 = \varPhi$，则有 $v(S_1 \cup S_2) \geqslant v(S_1) + v(S_2)$，这就是应急科研协同创新系统联盟超累加性的数学模型。如果所建立的应急科研协同创新博弈联盟 S_i 不具备超累加性，那么应急科研协同创新博弈联盟将没有存在的意义和价值，可能无法持续生存和发展下去，面临解散的风险。

第四，设 S 是一个应急科研协同创新博弈联盟，特征函数 $v(S)$ 表示其对应的收益，S 的参与主体有 $1, 2, \cdots, m$，即 $S=\{1, 2, \cdots, m\}$，如果应急科研协同创新博弈联盟内部存在分配向量 $\boldsymbol{X}=\{x_1, x_2, \cdots, x_m\}$ 满足 $\sum_{i=1}^{m} x_i = v(S)$ 且 $x_i \geqslant v(i)$，$i \in S$。如果应急科研协同创新博弈联盟的收益分配方案中存在 $x_i < v(i)$ 时，那么在联盟内部各参与主体 i 利益分配将小于它们单独运营时所获得的收益，则参与主体 i 就没有意愿参与到应急科研协同创新系统中。

（3）确定影响因素。

①资源投入。因为应急科研协同创新博弈联盟内部各成员的资源投入量与博弈联盟所取得的成果与收益息息相关，也是衡量参与成员贡献的重要因素，所以资源投入是利益分配方案的重要因素。参与成员的资源投入越多，对博弈联盟的贡献越大，它们应该分得的利益就越多，反之亦然。将资源投入细分为资金投入、人才投入、技术投入和设备投入。假设第 i 个成员的资金投入为 l_{i1}，第 i 个成员的人才投入为 l_{i2}，第 i 个成员的技术投入人员投入为 l_{i3}，第 i 个成员的设备投入为 l_{i4}，α、β、γ、η 为四种影响因素的系数。使用熵值法对四个比例系数打分，得到第 i 个成员的资源投入 m_i，即

$$m_i = \alpha l_{i1} + \beta l_{i2} + \gamma l_{i3} + \eta l_{i4} \qquad (7-1)$$

其中，$\alpha + \beta + \gamma + \eta = 1$，$\alpha$、$\beta$、$\gamma$、$\eta \in (0, 1)$。归一化处理得到单个成员的资源投入度 M_i，即

$$M_i = \frac{m_i}{\sum_{k=1}^{n} m_k} \qquad (7-2)$$

单个成员的资源投入度与平均资源投入之间的差值为 $\Delta M_i = M_i - \frac{1}{n}$，得到联盟成员 i 的实际收益为 $y_1(i) = y(i) + \Delta M_i y(i)$。

②研发贡献。参与成员在应急科研协同创新和攻关项目中所作出的贡献是影响成果和利益分配的关键因素，尤其是在应急科研协同创新中取得关键性知识创新和决定性技术突破的参与成员，是应急科研协同创新和攻关项目能够取得成功的先决条件，理应对其所作出的突出贡献进行奖励和激励，在成果和利益分配中向其倾斜。将参与成员在应急科研协同创新和攻关项目中的研发贡献划分为小、较小、一般、较大和大五个等级，分别赋予 1、2、3、4、5 的量化数值。假设 d_i 为第 i 个成员的研发贡献等级，由于 d_i 对于成果和收益分配而言属于正向指标，选取研发贡献等级的平方根 $d_i' = \sqrt{d_i}$ 作为研发贡献的影响因子，归一化处理后得到各个参与成员的研发贡献影响因子 D_i，即

$$D_i = \frac{d'_i}{\sum_{k=1}^{n} d'_k} \qquad (7-3)$$

单个成员的研发贡献影响因子与平均研发贡献影响因子之间的差值为 $\Delta D_i = D_i - \frac{1}{n}$，得到联盟参与成员 i 的实际收益为 $y_2(i) = y(i) + \Delta D_i y(i)$。

③风险分担能力。参与成员的风险分担能力影响其在博弈联盟中应急科研协同创新和攻关的运作状况，在应急科研协同创新和攻关中会产生各种风险，应急科研协同创新和攻关各阶段参与成员所承担的风险往往有差异。承担的风险越高，最后分配的利益也应越多。假设 p_i 为第 i 个参与成员的风险分担次数，r_i 为第 i 承担的风险等级，则参与成员 i 的风险分担能力为 $f_i = p_i r_i$。归一化处理后得到各个成员的风险分担能力 F_i，即

$$F_i = \frac{f_i}{\sum_{k=1}^{n} f_k} \qquad (7-4)$$

单个成员的风险分担能力与平均风险分担能力之间的差值为 $\Delta F_i = F_i - \frac{1}{n}$，则联盟参与成员 i 实际收益为 $y_3(i) = y(i) + \Delta F_i y(i)$。

（4）分配方案。应急科研协同创新和攻关的利益共享模型应该是受以上因素综合作用的结果，所设计的利益分配方案应该包含上述所有的影响因素。记 $v(s_i)(i=1, 2, \cdots, n)$ 为应急科研协同创新博弈联盟系统内第 i 个参与成员独立开展应急科研创新时所获得的收益，$v(s_i, s_{i+1}, \cdots, s_n)$ 表示应急科研协同创新博弈联盟系统内第 i、$i+1$、$\cdots$、n 个参与成员结成联盟后获得的总收益。假设应急科研协同创新博弈联盟系统有 k 个参与成员，其利益分配向量为 $\boldsymbol{\varphi} = \{\varphi(s_1), \varphi(s_2), \cdots, \varphi(s_n)\}$，则第 i 个参与成员的分配量为

$$\varphi_i(s_i) = \sum_{i \in s} \frac{(|s|-1)!(k-|s|)!}{k!} [v(s) - v(s-\{i\})] \qquad (7-5)$$

其中，$|s|$ 表示应急科研协同创新博弈联盟系统参与成员的数量。

第五节 保障机制

一、资金保障

应急科研协同创新和攻关以项目为导向，这些项目的开展与推进需要大量资金投入，只有相应的资金充足到位，才能确保应急科研协同创新和攻关项目快速启动，并稳步推进。在突发事件情境下，应急科研协同创新和攻关项目的资金来源是多方面的，但主要包括以下几种来源渠道。

（1）政府资助，当突发事件发生时，政府通过应急科研项目招标、委托研发等方式进行科研项目立项和资助，由于政府纵向科研项目具有很高的吸引力和感召力，具有科研风向标的作用和价值，能够吸引高尖端的科研机构和人才加入应急科研协同创新和攻关队伍中，引导科研资源向应急科研方向聚集。

（2）企业投资，从事与应急科研协同创新与攻关相关领域的企事业单位，在突发事件暴发的紧急关头，应该义无反顾地站出来，投入资金和资源加入到应急科研协同创新中，这是为了响应国家和政府的号召，承担企业的社会责任；同时，一旦应急科研协同创新和攻关项目进展顺利，取得成功，企业将名利双收，不仅可以获得丰厚的经济利益，还可以快速扩大知名度和美誉度。

（3）社会资本，可以积极鼓励金融机构、创新投资基金、天使投资基金等社会资本进入应急科研协同创新和攻关项目中，形成研发方与投资方资源互补、利益共享的合作关系，以解决应急科研协同创新和攻关项目资金短缺的问题。

二、政策与制度保障

在突发事件暴发的紧急情况下，应急科研创新和攻关项目的启动与开展不能仅仅依靠科研机构和企业的市场行为，更需要充分发挥各级政府的政策引导作用和制度的溢出效应，彰显有为政府的价值与担当。政府的政策和制度保障，不仅能够为应急科研协同创新和攻关项目提供资金、人才等资源供给，而且能够以政府的政策和信用为背书，为应急科研协同创新和攻关的成果买单，让应急科研的研发机构和企业没有后顾之忧。自 2020 年新冠疫情暴发以来，国家和地方政府纷纷出台应急科研创新和攻关领域的政策和制度文件，为应急科研创新和攻关提供了充足的政策支持和制度保障。如 2023 年中华人民共和国应急管理部印发《应急管理部科技项目管理办法（试行）》，提出要统筹科技资源、凝聚创新力量、引导科技研发，提升科技成果支撑和服务应急实战的水平，依靠科技提高应急管理的科学化、专业化、精细化和智能化水平；面向安全生产、防灾减灾、应急救援等方面的科技需求，聚焦应急管理事业改革发展中的难点、热点和"卡脖子"问题，重点支持应急管理重大基础理论研究、关键核心技术研发、先进适用装备研制等。

三、人才保障

应急科研协同创新是一项紧急的智力活动，高尖端的专业人才保障是开展应急科研协同创新和攻关的关键要素，是关系到应急科研协同创新和攻关任务能否取得突破的最核心资源。当突发事件暴发时，为了快速响应应急科研管理和治理方略，精准开展应急科研协同创新任务，可以通过以下措施强化应急科研协同创新和攻关的人才保障。

（1）加强高尖端人才队伍的培育与储备，尤其是对于那些从事科技研发与技术攻关的机构和高科技企业，要通过内部培养和外部引进等渠道加强自身的人才队伍建设，建立起人才培育的机制与制度，营造人才成长的良好环境和氛围，构建人才队伍的结构、层次和梯队，推动人才队伍的持续和良性发展。

（2）重视多元异质主体之间的横向合作，随着应急科研创新的发展与演化，越来越多的应急科研创新和攻关活动需要跨学科、跨领域的交流与合作，当应急科研创新和攻关任务产生时，多元异质主体之间开展合作，能够聚集不同学科、领域的人才队伍，各主体之间能够取长补短、优势互补，弥补相互之间的人才短板。

（3）鼓励跨区域、跨国界的交流与合作，在更广泛的范围内整合人才队伍和人才资源，实现强强联合，为应急科研协同创新提供有力的人才供给和人才保障。

四、文化保障

文化具有无形的力量，起到凝聚和黏合的作用，在沟通和协调过程中起到润滑和调剂的作用，是应急科研协同创新和攻关活动的重要助推力和保障力。为此，要加强应急科研协同创新和攻关活动中各科研主体之间的文化交流和文化融合，增强文化互融、互通与互信，提高文化协同度，为应急科研协同创新和攻关提供一个良好的文化环境和文化氛围。

（1）寻找文化相近的应急科研协同创新和攻关的合作主体，应急科研协同创新和攻关任务启动后，通常时间紧迫、任务艰巨，不同主体之间没有时间进行磨合，为了更好地让不同科研主体之间能够顺畅合作，有必要选择合作相近和相似的机构与组织进行合作，这样就可以在一定程度上减少磨合的成本，并降低发生冲突和分歧的概率。

（2）营造包容、开放的文化氛围，不同科研主体、不同科研人员由于专业背景、意识形态、思想观念、思维方式、行为习惯存在差异性，在开展应急科研协同创新和攻关过程中，难免发生冲突和分歧，这需要各主体之间能够相互包容、相互谅解、求同存异，多用欣赏的眼光看待别人，而不是用挑剔的眼光审视合作者，而这就需要在应急科研组织和团队中营造一种包容和开放的文化氛围。

（3）加强不同科研合作主体之间的交流，增强相互之间的信任，通过多交流和多沟通，增强相互之间的了解和欣赏，使得不同科研合作主体之间的文化差异不会成为应急科研协同创新和攻关的障碍，相反能够成为应急科研协同创新和攻关的助力和黏合剂。

第八章　结论与展望

第一节　结　　论

　　随着社会的发展、变革与演化，尤其是后工业化以来，人类社会改造自然和环境的能力越来越强，在日益满足人类社会逐渐增强的生活品质需求的同时，人类赖以生存的自然和社会环境也不断遭到改造，人与自然环境的显性与隐性"不和谐"逐渐增多，犹如魔咒一般，譬如 2020 年的新冠疫情，快速席卷全球，时至今日，全球经济仍然还在缓慢复苏之中。可见突发事件尤其是重大的突发事件已经成为人类社会生存和发展的巨大威胁，当突发事件发生时，我们应该如何应对、防控和处置也成为人类社会面临的一项重要而紧迫的研究课题。面对突发事件产生的新情况、新问题和新困境，用"科学方法"和"科学方案"去认知、处置和防控突发事件或许是有效的途径和策略，但是科学研究有其自身的规律和周期性，如何在突发事情暴发的情境下，快速启动应急科研创新和攻关项目，精准聚焦突发事件所急需的应急科研创新任务，尽快产出应急科研创新成果，助力突发事件防控与处置，是需要突破的重点和关键。本书以突发事件爆发情境下的应急科研协同创新和攻关为研究对象，通过梳理应急科研协同创新领域的理论成果和实践经验，广泛开展调查研究，收集相关的数据资料和信息，运用系统协同理论和动态能力理论对应急科研协同创新的相关问题进行深度分析和研究，为提高应急科研协同创新和攻关质量，实现应急科研协同创新的快速响应和精准研发建言献策。

　　本书以应急科研协同创新的模式、评价、影响和机制为主线展开论述。首先是绪论，从研究背景与意义、国内外研究现状与评述、研究思路与主要内容、研究三性（必要性、重要性及可行性）、研究方法与主要创新点五个方面对研究内容进行引导。其次是相关理论概述，对应急科研协同创新进行概念界定和内涵阐释，并对复杂系统理论、熵与耗散结构理论、协同学理论、应急管理理论进行概述。然后对应急科研协同创新系统与模式进行描述和概括，包括应急科研协同创新系统框架、应急科研协同创新系统模型、应急科研协同创新系统特征、应急科研协同创新模式四个模块的内容。接着基于动态能力理论构建应急科研协同创新的动态协同评价模型，以新冠疫情抗体检测试剂盒的应急科研协同创新项目为例进行实证评价，并分析其不同阶段的时序演化特征。再接着基于科研禀赋结构的双门槛效应，探讨多元协同创新对应急科研攻关绩效的影响，实证检验结果表明多元协同创新对应急科研攻关绩效存在显著的基于科研禀赋结构的"双门槛效应"，当科研禀赋结构处于合理区间时，其促进和激励作用显著，且具有稳健性。再者基于动态能力理论研究应急科研协同创新的影响因素，通过专家匿名函询构建应急科研协同创新影响因素，运用决策实验室法（DEMATEL）分析综合影响矩阵和因果关系图，再采用解释结构模型（ISM）进行多级递阶拓扑结构分析，深度解析应急科研协同创新系统的影响因素。最后构建应急科研协同创新系统的联动机制，包括动力机制、运行机制、协调机制和保障机制，对每个模块的内容都进行详细阐述和精心设计，通过联动机制促进应急科研协同创新系统有序且高质量运转。

第二节　不足与展望

　　由于笔者学识所限，本书研究仍然存在许多不足和局限性，需要在将来的研究中加以改进和完善。这些局限性主要体现在以下方面。

　　（1）可供参考和借鉴的研究成果较少，现有研究主要聚焦于科研协同领域，而针对应急科研协同领域的研究成果还很少见，且应急科研协同创新和攻关的理论研究和实践探索还处于初级阶段，影响本书的理论梳理和素材收集，导致一些研究工作难以深入开展，研究的系统性、全面性和深入性受到一定的约束和制约。

（2）研究样本选择方面，本书以突发事件情境下的应急科研创新为研究对象，尤其是以新冠疫情背景下的应急科研协同创新案例为研究样本，由于受到时间和精力所限，导致无法收集到大量的问卷调查数据和研究样本，样本的普遍性和广泛性略显不足。

（3）应急科研协同创新系统的动态评价和影响因素都是涉及多主体、多环节、多要素的非线性、动态的复杂系统，受到众多因素的影响和制约，应急科研协同创新的水平与效果测度、应急科研协同创新的影响效应和影响因素等难以通过本书研究的方法进行全面和深刻的揭示与刻画，需要运用多种系统和科学的方法加以综合分析和阐述，这在本书研究中难以一一涉及。

（4）本书所提出的应急科研协同创新联动机制的实施效果还有待实践检验，目前还无法预知这些联动机制是否能对应急科研协同创新和攻关带来显著的作用和效果。

以上所述的这些不足与局限性将在笔者往后的研究中作进一步研究和探索，同时也恳请同行专家指点迷津，不吝赐教，为本领域的后续研究提供方向和思路。

鉴于应急科研协同创新的研究现状及未来发展展望，笔者认为以下几个方面可能会成为研究热点：应急科研协同创新的协同治理模式、应急科研协同创新的政策激励效应评价、应急科研协同创新如何兼顾"快"与"准"、应急科研协同创新行为演化博弈分析等。

参考文献

[1] 白如江，秦明艳，张玉洁．科研数据学术不端影响因素研究 [J]．科技进步与对策，2023，40（20）：110-121.

[2] 卜伟，孙骏，王钰云，等．江苏高校协同创新中心绩效评价研究——基于改进的 G1-CRITIC-TOPSIS 综合评价模型 [J]．科技管理研究，2023，43（1）：62-70.

[3] 蔡晓琳，许治．科技资助与高新技术企业创新产出：研发禀赋结构的双门槛效应 [J]．暨南学报（哲学社会科学版），2023，45（1）：122-132.

[4] 常路，汪旭立，符正平．高校及科研院所机构协同创新绩效的影响因素研究——基于社会网络的视角 [J]．科技管理研究，2019，39（14）：100-108.

[5] 陈红川，韦璐青，黄小军，等．高新技术产业协同创新协同度评价研究 [J]．工业工程，2022，25（2）：113-120.

[6] 陈璟浩，徐敏娜．中国—东盟科研合作态势及影响因素分析 [J]．信息资源管理学报，2020，10（2）：107-117.

[7] 程跃．基于企业网络动态能力的协同创新系统演化设计 [J]．现代电子技术，2020，43（22）：94-97.

[8] 程跃，王维梦．创新资源对跨区域协同创新绩效的影响研究——基于 31 个省份的 QCA 分析 [J]．华东经济管理，2022，36（6）：13-22.

[9] 狄增如．复杂系统研究及其对经济系统分析的影响 [C]//中国系统工程学会．全国青年管理科学与系统科学论文集第 5 卷．中国系统工程学会：中国系统工程学会，1999：700-707.

[10] 董俊武，黄江圳，陈震红．基于知识的动态能力演化模型研究 [J]．中国工业济，2004（2）：77-85.

［11］董石桃．新时代科学防范和化解重大风险的五个维度——学习习近平总书记关于防范和化解重大风险的重要论述［J］．社会主义研究，2021（1）：52-60．

［12］傅晋华，蔡劲松．重大突发公共卫生事件背景下应急研发的新型举国体制研究：以新冠疫苗研发为例［J］．中国科技论坛，2023（4）：168-177．

［13］葛春雷，裴瑞敏，张秋菊．德国科研机构协同创新组织模式研究［J］．中国科学院院刊，2024，39（2）：345-357．

［14］管浩．科研机构：应急研发与长效防控"双轨"运行［J］．华东科技，2020（3）：22-27．

［15］郝文强，孟雪，段智慧．动态能力视角下城市数字化转型的理论逻辑与组态路径——基于全国重点城市的模糊集定性比较分析［J］．电子政务，2023（7）：73-86．

［16］何金玉，陈洁纯，李婷，等．新型冠状病毒肺炎疫情期间定点收治患者的医院应急科研管理实践与思考［J］．中国医学工程，2020，28（8）：15-19．

［17］何允刚，程刚，武文卿，等．新冠肺炎疫情应急科研条件保障实践与思考［J］．军事医学，2020，44（4）：310-312．

［18］赫尔曼·哈肯．协同学［M］．上海：上海译文出版社，2001．

［19］侯光明，景睿，石秀．中国新能源汽车企业协同创新模式的创新绩效及作用路径研究［J］．技术经济，2021，40（11）：13-22．

［20］黄菁菁．基于协同创新模式的技术扩散路径研究［D］．大连：大连理工大学，2019．

［21］黄文明．黑龙江省农业科研院所协同发展模式探讨［J］．农机使用与维修，2024（5）：57-59．

［22］黄雪梅．"双一流"建设高校教师科研合作影响因素的实证研究［J］．中国高教研究，2022（4）：78-84．

［23］惠娟，谭清美．军民科研协同体系应急成果转化机制［J］．科学管理研究，2022，40（4）：69-76．

［24］惠娟，谭清美．重大突发公共卫生事件科技研发应急体系运行机

制研究 [J]. 科技进步与对策, 2020, 37 (9): 11 - 20.

[25] 吉音文, 毛建华, 傅君芬, 等. 新型冠状病毒肺炎疫情下定点救治医院应急科研管理实践探索与思考 [J]. 浙江医学, 2020, 42 (6): 604 - 607.

[26] 焦豪, 杨季枫, 王培暖, 等. 数据驱动的企业动态能力作用机制研究——基于数据全生命周期管理的数字化转型过程分析 [J]. 中国工业经济, 2021 (11): 174 - 192.

[27] 焦豪, 杨季枫, 应瑛. 动态能力研究述评及开展中国情境化研究的建议 [J]. 管理世界, 2021, 37 (5): 191 - 210, 14, 22 - 24.

[28] 江宏飞, 高建平, 周伟. 公共卫生事件下中医药应急科研体系的构建——基于中医药应对新冠疫情的案例分析 [J]. 科研管理, 2020, 41 (9): 160 - 169.

[29] 姜劲, 张毅, 刘树奎, 等. 知识动态能力与医学科研项目双元绩效——医学团队科研绩效提升的战略框架 [J]. 科技管理研究, 2021, 41 (13): 126 - 133.

[30] 姜丽华, 方松, 张丹丹, 等. 农业农村科研协同创新基础设施总体框架与战略价值 [J]. 中国农业科技导报, 2023, 25 (2): 10 - 18.

[31] 蒋兴华, 范心雨, 汪玲芳. 伙伴关系、协同意愿对协同创新绩效的影响研究——基于政府支持的调节作用 [J]. 中国科技论坛, 2021 (2): 9 - 16.

[32] 柯昌文. 基于动态能力的商业模式概念框架构建 [J]. 财会月刊, 2019 (21): 137 - 142.

[33] 雷洋昆, 陈晓宇. 高校科研合作模式及其绩效影响研究——以 A 大学理工科为例 [J]. 中国高校科技, 2021 (6): 44 - 48.

[34] 黎爱军, 孙亚林. 新型冠状病毒肺炎疫情防控的应急科研攻关 [J]. 解放军医院管理杂志, 2021, 28 (3): 272 - 274.

[35] 李嘉, 李红旭, 胡丹丹. 关系治理能力对联盟知识转移的影响——目标协同的中介作用与环境动态性的调节作用 [J]. 科技进步与对策, 2024 (5): 1 - 9.

[36] 李景奇, 卞艺杰, 郭枫. 基于计算机支持协同工作的科研协同机

制创新研究［J］. 科技管理研究，2019，39（23）：182 – 187.

［37］李琳. 区域经济协同发展：动态评估、驱动机制及模式选择
［M］. 北京：社会科学文献出版社，2016.

［38］李月，习怡衡，王海燕. 任务导向型跨学科科研组织协同创新影
响因素探析［J］. 科学学研究，2024（3）：1 – 20.

［39］梁中. 国家应急科研机制建设：经验事实与政策进路［J］. 科研
管理，2023，44（5）：1 – 8.

［40］廖瑜. 基于创新链的高校协同创新研究［M］. 成都：四川大学出
版社，2021.

［41］林青宁，孙立新，毛世平. 协同创新对中国农业科研院所创新产
出影响研究——基于研发禀赋结构的双门槛效应［J］. 农业技术经济，2018
（7）：71 – 79.

［42］刘霞，严晓. 我国应急管理"一案三制"建设：挑战与重构［J］.
政治学研究，2011（1）：94 – 100.

［43］刘翔，李红. 高校交叉学科科研创新评价指标研究——以新工科
专业人工智能为例［J］. 浙江大学学报（人文社会科学版），2023，53
（5）：36 – 46.

［44］刘小瑛，高汉忠，陈廉芳，等. 新冠疫情背景下医学院校及其附
属医院图书馆应急科研信息保障服务联盟的构建［J］. 产业与科技论坛，
2023，22（22）：277 – 280.

［45］刘一新，张卓. 政府资助对产学研协同创新绩效的影响——来自
江苏省数据［J］. 科技管理研究，2020，40（10）：42 – 47.

［46］吕亮雯，李炳超. 基于协同创新的公益类科研机构创新绩效评价
指标体系构建与实证研究［J］. 科技管理研究，2017，37（4）：50 – 54.

［47］吕途，林欢，陈昊. 动态能力对企业新产品开发绩效的影响——
双元创新的中介作用［J］. 中国科技论坛，2020（8）：67 – 75，87.

［48］马永红，于妍. 评价何以支撑高校有组织科研——创新评价的理
念与关键维度［J］. 中国高等教育，2024（5）：40 – 44.

［49］齐永兴. 动态能力理论的源起与内涵界定——兼谈我国中小企业
动态能力形成与特征［J］. 商业时代，2014（34）：105 – 107.

[50] 钱洪伟, 郭晶, 李甜甜. 复杂适应系统理论视角下我国应急科技系统发展研究 [J]. 科技进步与对策, 2022, 39 (17): 19 - 29.

[51] 钱晶晶, 何筠. 传统企业动态能力构建与数字化转型的机理研究 [J]. 中国软科学, 2021 (6): 135 - 143.

[52] 邱洪全. 多元协同视角下应急科研协同创新机制与动态评价——以重大疫情为例 [J]. 科技管理研究, 2021, 41 (2): 38 - 44.

[53] 邱玉霞, 袁方玉, 石海瑞. 模式创新与动态能力联动: 互联网平台企业竞争优势形成机理 [J]. 经济问题, 2021 (10): 68 - 76, 94.

[54] 商华, 陈任飞. 动态可持续能力与企业可持续绩效的关系研究 [J]. 科研管理, 2018, 39 (10): 79 - 89.

[55] 邵云飞, 蒋瑞, 杨雪程. 顺水推舟: 动态能力如何驱动企业创新战略演化? ——基于西门子 (中国) 的纵向案例研究 [J]. 技术经济, 2023, 42 (3): 90 - 101.

[56] 宋雨薇, 安实, 董昌其. 应急科研攻关快速响应与精准研发何以兼顾? ——基于应急科研攻关项目的政策评价分析 [J]. 行政论坛, 2023, 30 (3): 94 - 103.

[57] 宋雨薇, 刘纪达, 安实. 政府引导下的应急科研攻关效能何以提升——面向攻关项目实施的随机演化博弈分析 [J]. 科技管理研究, 2024, 44 (1): 141 - 151.

[58] 宋哲, 于克信. 动态能力、董事会社会资本与战略变革——以西部资源型企业为例 [J]. 云南师范大学学报 (哲学社会科学版), 2020, 52 (2): 133 - 142.

[59] 孙桂娟. 高校智库协同创新的影响因素及效果评价研究 [D]. 北京: 北京邮电大学, 2023.

[60] 孙新波, 张明超, 林维新, 等. 科研类众包网站 "InnoCentive" 协同激励机制单案例研究 [J]. 管理评论, 2019, 31 (5): 277 - 290.

[61] 田冠军, 李蕾. 协同创新视角下高校科研项目绩效评价指标体系构建 [J]. 中国高校科技, 2017 (3): 65 - 67.

[62] 汪应洛. 系统工程 [M]. 北京: 机械工业出版社, 2017.

[63] 王超, 张伟然, 许海云, 等. 突发公共卫生危机中科研应急力量

的协同整合研究——以诊断试剂应急研发为例［J］．情报理论与实践，2021，44（1）：138-146．

［64］王超发，李雨露，王林雪，等．动态能力对智能制造企业数字创新质量的影响研究［J］．管理学报，2023，20（12）：1818-1826．

［65］王久平．建立新时代安全与应急科研创新体系——访应急管理部国家安全科学与工程研究院院长孙华山［J］．中国应急管理，2021（2）：30-33．

［66］王海花，孙芹，杜梅，等．长三角城市群协同创新网络对协同创新绩效的影响研究［J］．科研管理，2023，44（3）：19-32．

［67］王海花，王蒙怡，刘钊成．跨区域产学协同创新绩效的影响因素研究：依存型多层网络视角［J］．科研管理，2022，43（2）：81-89．

［68］王华，魏晓青，徐天昊．突发公共卫生事件应急医学科研机制研究［J］．解放军医院管理杂志，2010，17（9）：841-842．

［69］王其藩．系统动力学［M］．上海：上海财经大学出版社，2009．

［70］王晓玲，康旭东．基于扎根理论的超学科科研协同机制研究——以中国重大装备制造为例［J］．科技进步与对策，2023，40（22）：1-10．

［71］王兴，周小寒，刘润增．发达国家安全与应急管理科研院所比较与启示［J］．中国应急管理科学，2022（7）：110-121．

［72］王欣国，张世翔，于莹．公共卫生应急科技攻关包容性创新——以中国新冠病毒疫苗科研攻关为例［J］．云南科技管理，2021，34（5）：36-42．

［73］魏宏森，曾国屏．系统论——系统科学哲学［M］．南昌：江西科学技术出版社，2019．

［74］文禹衡，付张祎．基于计量分析的我国数据确权政策与科研协同研究［J］．现代情报，2022，42（10）：58-70．

［75］吴瑶，夏正豪，胡杨颂，等．基于数字化技术共建"和而不同"动态能力——2011~2020年索菲亚与经销商的纵向案例研究［J］．管理世界，2022，38（1）：144-163，206，164．

［76］吴悦，李小平，涂振洲，等．知识流动视角下动态能力影响产学研协同创新过程的实证研究［J］．科技进步与对策，2020，37（8）：115-123．

［77］夏天添，付跃强．组织间联结、协同创新与企业创新绩效［J］．技术经济与管理研究，2020（10）：24－30.

［78］解大军，黄戈．外国军工动员应急科研的特点及作法［J］．国防科技工业，2011（9）：74－75.

［79］徐敏．电力应急管理中韧性恢复决策研究［D］．武汉：华中科技大学，2023.

［80］许玉，张晓丽．我国突发传染病事件中的科研合作与对策浅探［J］．辽宁医学院学报（社会科学版），2015，13（2）：18－20.

［81］严炜炜．科研合作中的协同信息行为［M］．北京：中国社会科学出版社，2020.

［82］杨隽萍，徐娜．动态能力与高管社会资本组态效应对企业数字化转型的影响——以创业板上市公司为例［J］．技术经济，2023，42（4）：97－109.

［83］杨明欣，龚玮琪，瞿英．基于 DEMATEL 方法的高校协同创新科研绩效评价影响因素分析［J］．河北工业科技，2019，36（2）：83－90.

［84］杨洋，杨晔．科研机构知识管理与协同创新平台构建研究［J］．情报科学，2020，38（9）：101－106.

［85］姚晓杰．跨学科多主体科研协同影响因素及机理研究［D］．南昌：南昌大学，2023.

［86］叶春梅，吴利华．环境政策、动态能力与企业绿色转型——广西柳州钢铁集团纵向案例分析［J］．科技进步与对策，2023，40（10）：1－12.

［87］叶芳羽，李毅，唐子然，等．基于 DEA 模型的我国高校科研创新效率测度与差异分析［J］．当代教育论坛，2024（1）：52－60.

［88］余云龙，邱均平，陈仕吉，等．逆全球化背景下国际科研合作格局与政策启示——以气候变化领域为例［J］．科学学研究，2023，41（9）：1638－1647，1670.

［89］袁朗，韩天怿，刘钦．协同机制下农业科研院所创新管理模式探索与实践［J］．中国农机化学报，2023，44（10）：275－280.

［90］臧艳雨，罗楚钰．区域科技协同创新评价与空间聚类分析——以广东省为例［J］．南京理工大学学报（社会科学版），2024，37（1）：38－46.

[91] 曾坚朋，曾志敏，柴茂昌．粤港澳大湾区科研管理制度协同创新研究：基于香港制度实践的考察 [J]．科技管理研究，2020，40（24）：33 – 39.

[92] 曾粤亮，曹高辉，韩世曦．青年科研人员跨学科科研合作行为影响因素研究——基于扎根理论的探索 [J]．情报科学，2023，41（10）：21 – 31.

[93] 张昊，刘德佳．数字化发展对先进制造企业服务创新的影响研究——基于企业动态能力视角 [J]．中国软科学，2023（3）：150 – 161.

[94] 张乐．基于要素视角的广东省公共卫生科研协同攻关路径研究 [J]．科技和产业，2022，22（11）：89 – 94.

[95] 张乐，张军．基于链条融合体系的公共卫生科研协同攻关模式初探 [J]．中国卫生事业管理，2023，40（1）：58 – 64.

[96] 张涛，王瀚功，于同同，等．基于文本计算的我国数据安全政策与科研主题协同研究 [J]．现代情报，2024（5）：1 – 15.

[97] 张耀坤，吴瑞，宗金星．基于SD的学术社交网络科研协同行为演化博弈分析 [J]．现代情报，2022，42（7）：68 – 80.

[98] 张志华，陈雨馨，赵波．重大疫情应对中我国科研力量协同整合影响因素及优化策略研究 [J]．科技进步与对策，2020，37（14）：1 – 7.

[99] 赵慧童，张光亮，郭水龙．新冠肺炎疫情下某三甲医院基于科研信息化平台的科研管理应急能力提升策略 [J]．临床和实验医学杂志，2020，19（10）：1022 – 1025.

[100] 郑玲，王馨，崔文秀．"双一流"背景下高校青年教师教学科研协同发展机制研究 [J]．产业与科技论坛，2023，22（24）：228 – 230.

[101] 中华人民共和国国务院法制办．中华人民共和国突发事件应对法 [M]．北京：中国法制出版社，2007.

[102] 钟开斌．螺旋式上升："国家应急管理体系"概念的演变与发展 [J]．中国行政管理，2021（5）：122 – 129.

[103] 钟书华．国家应急科技支撑体系框架构想 [J]．中国科技论坛，2004（5）：32 – 35.

[104] 钟小斌．面向创新主体间协同创新的科研评价研究 [J]．科技创业月刊，2020，33（8）：1 – 6.

[105] 朱才朝，张发栋，黄琼，等．整体性治理与高校有组织科研协

同创新能力研究 [J]. 中国高校科技, 2024 (4): 9-16.

[106] 朱敏, 叶凌凌, 王静, 等. 地市级医疗机构突发公共卫生事件科研应急管理机制建设: 以新冠肺炎疫情防控为例 [J]. 中华医院管理杂志, 2020, 36 (10): 826-828.

[107] Aarons, Derrick. Research in Epidemic and Emergency Situations: A Model for Collaboration and Expediting Ethics Review in Two Caribbean Countries [J]. *Developing World Bioethics*, 2018, 18 (4): 375-384.

[108] Aldieri Luigi, Kotsemir Maxim, Vinci Concetto Paolo. The Impact of Research Collaboration on Academic Performance: An Empirical Analysis for Some European Countries [J]. *Socio-economic Planning Sciences*, 2018, 62 (6): 13-30.

[109] Alireza M I, Karim M S, Safieh L T, et al. Global Scientific Collaboration: A Social Network Analysis and Data Mining of the Co-authorship Networks [J]. *Journal of Information Science*, 2023, 49 (4): 1126-1141.

[110] Barbee, Daniel. Disaster Response and Recovery: Strategies and Tactics for Resilience [J]. *Journal of Homeland Security & Emergency Management*, 2007, 4 (1): 32-59.

[111] Burbano Santos Pablo, Maria Fernandez-Guerrero Ines, Javier Martin-Sanchez Francisco. Analysis of Spanish Research Collaboration in Emergency Medicine: 2010—2014 [J]. *Emergencias*, 2017, 29 (5): 320-326.

[112] Chenge W, Xiu X, Ruiyao J. Transformation Path of Clinical Research Achievements and Its Application in Medical Equipment Management under Background of Multi-agent Collaborative Innovation [J]. *Chinese Journal of Medical Instrumentation*, 2023, 47 (6): 698-701.

[113] Drabek Thomas E. Human System Responses to Disaster [J]. *Springer*, 1988, 17 (4): 513.

[114] Fan Decheng, Tang Xiaoxu. *Performance Evaluanon of Industry-University-Research Cooperative Technological Innovation Based on Fuzzy Integral* [A]. International Conference on Management Science g & Engineering Management, 2009: 1789-1795.

［115］Gionfriddo Michael R, Leppin Aaron L, Brito Juan P. Shared Decision – Making and Comparative Effectiveness Research for Patients with Chronic Conditions: An Urgent Synergy for Better Health ［J］. *Journal of Comparative Effectiveness Research*, 2013 (6): 595 – 603.

［116］Hippel V E, Kaulartz S. Next-generation Consumer Innovation Search: Identifying Early-stage Need-solution Pairs on the Web ［J］. *Research Policy*, 2020, 50 (8): 140 – 156.

［117］Jianhong F, Huichao W, Jing M. The Impact of Institutional Difference on Scientific Collaboration: Empirical Evidence from Six Provinces in Central China ［J］. *Applied Economics Letters*, 2023, 30 (17): 2488 – 2493.

［118］Jyoti D, Kumar V S, H. H L. Measuring and Characterizing International Collaboration Patterns in Indian Scientific Research ［J］. *Scientometrics*, 2023, 128 (9): 5081 – 5116.

［119］Li Hehua, Liu Yahui. *Research on Collaboration of Chemical Logistics Service Supply Chain Based on Multi – Agent* ［C］//International Conference on Complex Science Management and Education Science (CSMES), 2013: 176 – 183.

［120］Marcela D A, Andres L C, Antonio P. Differences in Scientific Collaboration and Their Effects on Research Influence: A Quantitative Analysis of Nursing Publications in Latin America (Scopus, 2005—2020) ［J］. *Heliyon*, 2022, 8 (10): 110 – 127.

［121］Marshall, John C. Global Collaboration in Acute Care Clinical Research: Opportunities, Challenges, and Needs ［J］. Critical Care Medicine, 2017, 45 (2): 311 – 320.

［122］Mureithi G, Kiflemariam A, Omwenga V. Mediating Effect of Dynamic Capabilities on Human Capital as a Driver of Research Productivity of Academic Staff in Kenyan Universities ［J］. *International Journal of Sciences: Basic and Applied Research* (IJSBAR), 2021, 59 (1): 212 – 232.

［123］Newbert S L. New Firm Formation: A Dynarnic Capability Perspective ［J］. *Journal of Small Business Management*, 2015, 43 (1): 55 – 77.

[124] Pavlou P A, El Sawy O A. Understanding the Elusive Blaclk Box of Dynamic capabilities [J]. *Decision Sciences*, 2011, 42 (1): 239 – 273.

[125] Qingmei T, Juan H. Dynamic Evaluation of Transformation Ability for Emergency Scientific Research Achievements Based on an Improved minimum Distance – Maximum Entropy Combination Weighting Method: A Case Study of COVID – 19 Epidemic Data [J]. *Computational Intelligence and Neuroscience*, 2022 (8): 415 – 438.

[126] Ran A, Wei S. The Exploration in the Size of Scientific Collaboration Team Using Kernel Density Estimation [J]. *Aslib Journal of Information Management*, 2023, 75 (5): 72 – 97.

[127] Salvato C, Vassolo R. The Sources of Dynamism in Dynamic Capabilities [J]. *Strategic Management Journal*, 2018, 39 (6): 1728 – 1752.

[128] Teece D J. Explicating Dynamic Capabilities: The Nature and Microfoundations of (Sustainable) Enterprise Performance [J]. *Strategic Management Journal*, 2007, 28 (13): 1319 – 1350.

[129] Weinan G, Hui L. Spatial Structure, Hierarchy and Formation Mechanisms of Scientific Collaboration Networks: Evidence of the Belt and Road Regions [J]. *Chinese Geographical Science*, 2020, 30 (6): 214 – 237.

[130] William L, Waugh. Terrorism, Homeland Security and The National Emergency Management Network [J]. *Public Organization Review*, 2003, 3 (4): 373 – 385.

[131] Wu L Y. Applicability of the Resource-based and Dynamic Capability Views under Environmental Volatility [J]. *Journal of Business Research*, 2010, 63 (1): 27 – 31.

[132] Wulandari K. Construction and Application of Comprehensive Evaluation Index System for Long – Term Cooperation Between Enterprises, Universities and Research Institutes [J]. *Journal of Management and Strategy*, 2021, 12 (2): 30 – 39.

[133] Xiu X W, Ying H J. The Impact of Network Positions in Scientific Collaboration on Pharmaceutical Firms' Technological Innovation Performance:

Moderating Roles of Scientific Collaboration Strength and Patent Stock [J]. *Frontiers in Public Health*, 2022 (10): 845 – 871.

[134] Xuangong Z, Ning W. Performance Evaluation of Collaborative Innovation of Industry, University and Research Institute in China [J]. *E3S Web of Conferences*, 2020, 21 (4): 30 – 50.

[135] Xumei Y, Cuicui Z. Improved Intuitionistic Fuzzy Entropy and Its Application in the Evaluation of Regional Collaborative Innovation Capability [J]. *Sustainability*, 2022, 14 (5): 3129 – 3143.

[136] Yang Li, Huajiao Li, Nairong Liu, et al. Important Institutions of Inter-institutional Scientific Collaboration Networks in Materials Science [J]. *Scientometrics*, 2018, 117 (1): 85 – 103.

[137] Yu Q, Yan P. Design of Performance Evaluation Index of Scientific Research Projects Based on BSC [J]. *E3S Web of Conferences*, 2021 (1): 251 – 267.

[138] Zott C. Dynamic Capabilities and the Emergence of Intraindustry Differential Firm Performance: Insights From AS Simulation Study [J]. *Strategic Management Journal*, 2003, 24 (2): 97 – 125.